T. 2402.
13.

PRÉCIS
HISTORIQUE
DES FAITS RELATIFS
AU
MAGNÉTISME-ANIMAL.

PRÉCIS
HISTORIQUE
DES FAITS RELATIFS
A U
MAGNÉTISME-ANIMAL
JUSQUES EN AVRIL 1781.

Par M. MESMER, *Docteur en Méde-*
cine de la Faculté de Vienne.

OUVRAGE TRADUIT DE L'ALLEMAND.

A LONDRES.

M. DCC. LXXXI.

LISTE

DES COMPAGNIES SAVANTES

Auxquelles cet écrit eft adreffé.

NB. *Cet écrit étant également deftiné à l'inftruction des Savants & du Public, l'Auteur en fait paffer un nombre déterminé aux premiers. Le refte de l'édition fera livré au Public dans la maniere accoutumée.*

RUSSIE.

A l'Académie des Sciences de Pétersbourg, - - - 6

DANEMARCK.

A la Société Royale de Médecine de Copenhague, - - 6

SUEDE.

A l Académie des Sciences de Stockholm, - - - - 6

A Mgr. l'Archevêque d'Upfal, pour l'Univerfité de cette Ville, - - - - - - - - - - 7

    NB. Un de ces fept exemplaires pour lui, le priant de l'agréer.

A la Société Royale patriotique de Stockholm, - - 6

PRUSSE.

A l'Académie des Sciences de Berlin, - - - - - 6

POLOGNE.

A Mgr. l'Archevêque de Cracovie pour l'Univerfité de cette Ville, - - - - - - - - - - 7

    NB. Un de ces fept exemplaires pour lui, le priant de l'agréer.

HOLLANDE.

ALLEMAGNE.

SUISSE.

FRANCE.

PRÉCIS HISTORIQUE

DES FAITS RELATIFS

A U

MAGNÉTISME-ANIMAL.

L y a quatorze ans que j'annonçai, pour la premiere fois, au Monde favant l'exiftence du MAGNÉTISME-ANIMAL.

Lorfqu'en 1766 je donnai ma Differtation *de l'influence des Planettes fur le corps humain*, j'appuyois ma théorie fur des principes reçus dans les fciences, & fur des exemples généralement connus; mais les inductions particulieres que je tirois des uns & des autres n'étant pas foutenues d'expériences immédiatement applicables à la queftion, il en réfultoit moins une doctrine à recevoir qu'un fyftême à examiner.

Depuis que par la conftance de mes travaux & l'exactitude de mes obfervations, j'ai établi l'évidence de mes principes fur des preuves fans ceffe renaiffan-

tes, on doit reconnoître que fi les faits aujourd'hui
fe repréfentent en foule à l'appui du raifonnement,
le raifonnement étoit venu d'avance à l'appui des
faits : concours qui s'eft rarement élevé en faveur
des découvertes les plus utiles ou les plus vantées.

Le MAGNÉTISME-ANIMAL eft un rapprochement de deux fciences connues, L'ASTRONOMIE
& la MÉDECINE. C'eft moins une découverte
nouvelle qu'une application de faits apperçus depuis
long-tems à des befoins fentis de tous les temps.

Par cette expreffion MAGNÉTISME-ANIMAL,
je défigne donc une de ces opérations univerfelles
de la NATURE, dont l'action, déterminée fur nos
nerfs, offre à l'art UN MOYEN UNIVERSEL de
guérir & de préferver les hommes.

Unique poffeffeur de la vérité la plus précieufe au
genre-humain, j'en devois le premier hommage &
la première jouiffance à ma Patrie.

La Faculté de Médecine de Vienne en Autriche,
dont je fuis membre, étoit effentiellement placée
pour apprécier, faire valoir, & mettre dans leur
vrai jour les avantages que j'annonçois. Je devois
me flatter qu'elle s'emprefferoit à conftater leur réalité & à promulguer leur utilité; mais lorfque je
m'adreffai à elle dans cette confiance, l'événement
trompa mes vœux & ma perfévérance.

Fatigué par l'envie, l'intrigue & la calomnie,
peut-être même par l'exaltation d'efprit néceffaire
à l'homme qui pourfuit la vérité dans des routes

non-frayées, je fentis le befoin de repos. Quelques voyages me parurent propres à me délaffer de travaux auffi longs que pénibles.

J'arrivai à Paris, fans objet déterminé, au mois de Février 1778. L'efpoir qu'on m'y donna d'être plus heureux que dans ma Patrie, me fit confentir à préfenter à l'Académie des Sciences de cette Capitale les affertions relatives à mon fyftéme. Elles y furent défavorablement accueillies. J'échouai également auprès de la Société Royale de Médecine établie en cette ville.

Enfin, M. d'Eflon, premier Médecin ordinaire de Mgr. le Comte d'Artois, frere du Roi, & Membre de la Faculté de Médecine de Paris, m'engagea à des démarches envers fa Compagnie.

Ce qui venoit de fe paffer avec l'Académie des Sciences & la Société Royale de Médecine, dictoit la néceffité de fe prémunir contre les effets de la prévention. Deux ans entiers ont été confacrés à ce travail. Dans les premiers mois, nous cherchâmes à nous concilier l'efprit de différents Médecins ou autres Savants, en ne négligeant aucune occafion décente de me rapprocher d'eux. En 1779, je fis imprimer un mémoire analytique de ma méthode. * Subféquemment, trois Médecins connus fe joigni-

---

* Mémoire fur la découverte du MAGNÉTISME-ANIMAL, par M. Mefmer, Docteur en Médecine de la Faculté de Vienne chez P. Fr. Didot, le jeune, à Paris.

rent à M. d'Eslon, pour fuivre les expériences du MAGNÉTISME-ANIMAL. En réfultat de ces expériences, M. d'Eslon donna au Public fes obfervations relatives. * Enfin les efprits nous paroiffant fuffifamment préparés, je priai M. d'Eslon de propofer à la Faculté de Médecine de Paris, des moyens propres à lever tous les doutes fur l'importante queftion que je defirois foumettre à fes lumieres.

En conféquence, je lui remis un écrit figné de moi, dans lequel je propofois en réfultat à la Faculté de Médecine de Paris, de traiter concurremment un certain nombre de malades donné, de maniere à conftater les effets de la méthode nouvelle par comparaifon avec les effets des méthodes anciennes.

La franchife de ce procédé eft fenfible. Je me flatte que, dans le ftyle & la forme, on ne trouvera rien qui ait pu raifonnablement offenfer le Corps auquel je m'adreffois. †

Le 18 7bre. 1780, à la réquifition de M. d'Eslon, il fût tenu une affemblée générale de la Faculté. Ce Médecin y fit lecture de mes propofitions, les appuya d'un difcours préparé à cet effet, & les dépofa en original fur le bureau.

---

* Obfervations fur le MAGNÉTISME-ANIMAL par M. d'Eslon, Docteur-Régent de la Faculté de Médecine de Paris, & premier Médecin ordinaire de Monfeigneur le Comte d'Artois, chez P. Fr. Didot, le jeune, C. M. Saugrain, le jeune, & Cloufier, à Paris.

† Ces propofitions fe trouvent tout au long dans la fuite de cet écrit; on peut les confulter.

Le même jour, & dans la même assemblée, M. d'Eflon fût rayé du tableau des Médecins de la Faculté,
pour avoir donné ses observations sur le MAGNÉ-
TISME-ANIMAL.

Ainsi furent rejettées mes propositions avec dédain
& animosité.

Dans le premier moment, les procédés de la Faculté, soit envers M. d'Eflon, soit envers moi, ex-
citerent dans Paris une rumeur générale & un blâme
universel ; mais après le premier éclat, on en est
bientôt revenu à considérer le MAGNÉTISME-
ANIMAL comme objet de conversation. Chacun
croyant y trouver dequoi faire valoir son esprit, on
traite aujourd'hui cette matiere à Paris, non suivant sa raison, mais suivant le lieu où l'on se trouve,
les gens devant qui l'on parle, la tournure d'esprit
de chacune des Sociétés où l'on vit.

Il ne seroit pas indigne d'un observateur éclairé
d'examiner par quelle gradation la domination sou-
terreine des Médecins est parvenue, en affez peu de
temps, à lier les langues qui dans le principe s'é-
toient expliquées le plus ouvertement.

C'est parmi les personnes de haut rang que ce
phénomene d'afferviffement est le plus remarquable.
Le point effentiel chez elles paroît être de ne point
choquer le Médecin dont elles ont l'habitude. Elles
en ont peur. On diroit volontiers qu'il y a peine
de mort à n'être pas réfervé fur ce qui me concerne.

Le gros de la Nation, moins timoré, se livre à

ſon caractere. Protecteurs, Partiſans, Antagoniſtes, Médecins, Savants de tous le ordres, M. d'Eſlon, le MAGNÉTISME-ANIMAL, mes malades & moi ſommes tour-à-tour, ou tout à la fois, les objets des plaiſanteries dont l'oiſiveté Pariſienne s'alimente pour le moins autant que la gaieté Françoiſe.

Les étrangers qui ne connoiſſent Paris & ſes in-définiſſables habitants que par livres ou récits tron-qués, conclueront peut-être de ce que je viens de dire, que l'on a ici la plus médiocre opinion de ma découverte. Ils ſe tromperont. C'eſt parce qu'elle frappe en grand, qu'elle exige un raiſonnement ſuivi, & préſente une vaſte exécution, qu'on s'en tient à en parler ſans rien conclure. Si on la voyoit moins importante, il y a long-temps qu'on auroit pris un parti déciſif, n'eût-ce été que pour l'oublier & parler d'autre choſe.

Les François qui prétendent le mieux connoître leur Nation, aſſurent qu'il lui eſt impoſſible d'ac-cueillir une bonne raiſon, que préalablement elle ne ſe ſoit épuiſée en mauvais raiſonnements. S'il en eſt ainſi, je dois être très-inceſſamment écouté avec la derniere attention; car la quantité de propos inſen-ſés auxquels j'ai donné lieu, eſt inconcevable.

Mais la grande queſtion que je traite, n'eſt ni in-dividuelle ni nationale : elle eſt univerſelle. C'eſt à l'humanité entiere, & non à Paris ſeul, à la France, ou à l'Allemagne, que je dois compte de mes ef-forts pour faire proſpérer la conſolante vérité que je promets. C'est à tous les peuples du monde que je dois adresser la parole.

Dans l'état actuel des Sciences, l'homme fortuné qui découvre une vérité utile, devroit trouver autant de médiateurs entre lui & le reste des hommes, que de savants en titre. La vanité, mere de toutes les jalousies, fait que trop souvent les médiateurs deviennent rivaux, & les rivaux, ennemis ou détracteurs.

Malgré ces écueils, qui me sont très-connus, je me suis maintenu dans l'opinion constante, que les Compagnies savantes étoient placées pour me servir d'interprêtes auprès des Nations. Il y a long-temps que je leur ai fait hommage des premieres ouvertures de mon systême. Aujourd'hui je leur rends compte de ma conduite subséquente. On trouvera à la tête de cet écrit la liste des Compagnies auxquelles je l'adresse.

Les Savants de toutes les Nations & moi avons pour juge commun le Public de toutes les Nations : Juge non récusable, depuis que les connoissances sont de tous les rangs & de tous les lieux.

Les nombreux Journaux répandus en Europe, auroient dû me procurer les moyens de faire connoître avec briéveté, facilité & promptitude les détails nécessaires à l'instruction du Public ; mais cette porte n'est pas d'un accès également facile pour tout le monde. Autant les inconséquences répandues sur mon compte ont été recueillies avec soin, autant mes productions ou mes défenses ont été négligées avec affectation : * ce qui m'a forcé de recourir à d'autres mesures & de faire des livres.

L'histoire du MAGNÉTISME-ANIMAL pré-sente cinq époques principales, qui serviront de di-

---

* L'humeur n'a pas dicté ces lignes ; je pourrois le prouver par plusieurs exemples. Un seul me suffira. Il est pris en France, parce que cet écrit est principalement destiné à rendre compte de mon sé-jour en France.

Un Médecin de Province, nommé, je crois, Thouvenel, avoit rem-porté un prix de Chymie dans une des Academies méridionales de France. Cet effort de génie lui parut mériter tout au moins les regards du Gouvernement. Il se rendit à Paris pour en solliciter & recueillir les graces, y apprit bientôt mon nom, le genre de ma découverte & les circonstances de ma discussion antérieure avec la Société Royale de Médecine. Le succès de ses projets dépendoit des Chefs ou des Protecteurs de cet établissement. Me tympaniser lui parut un titre valable auprès d'eux. Il s'introduisit chez moi, y fut reçu poliment, & devint, à son grand desir, témoin de quel-ques-unes de mes opérations. Il s'agissoit de les parodier. Un livre écrit, dit-on, en Portugais, lui fournit la composition d'un sachet avec lequel on opéroit, prétendoit-il, les effets que j'attribuois au MAGNÉTISME-ANIMAL. Les prôneurs mis en jeu répandirent bien-tôt dans Paris les merveilles du sachet, & des personnes de consi-dération ne dédaignerent pas de paroître à la tête de ces momeries.

La moindre réflexion auroit fait sentir à la Société Royale de Mé-decine combien il lui étoit absurde d'accueillir la contrefaction de ma méthode, elle qui faisoit profession d'en nier l'existence. Que ne peut l'esprit de parti ? Cette Compagnie agréa les ouvertures de M. Thouvenel avec transport, délibéra que la recette imitative se-roit imprimée aux frais & au nom du Corps, & que néanmoins tout honneur en seroit rendu au véritable Auteur.

M. Thouvenel sentit alors l'imprudence de sa démarche. S'il ne lui en coûtoit rien pour faire, à son profit, une action peu hon-nête, il lui en coûtoit fort de me donner les moyens de faire ré-jaillir sur lui partie du ridicule, dont il desiroit me gratifier en en-tier. Il s'opposa donc à la délibération, déclara les obligations qu'il vifion à cet écrit. 1°. Relations avec la Faculté de Médecine de Vienne. 2°. Relations avec l'Académie des Sciences de Paris. 3°. Relations avec la Société Royale de Médecine de Paris. 4°. Ré-

---

avoit au livre Portugais, offrit de le remettre pour que la traduction en pût être faite & rendue publique, demandant pour toute faveur que fon nom ne parût pas dans cette affaire. On élevoit déja au Ciel le défintéreffement & la modeftie de M. Thouvenel, lorf, que M. Carrere, l'un des Membres de la Société, entreprit de prouver combien il étoit important de ne pas m'épargner. La difpute qui s'éleva à cette occafion ouvrit enfin les yeux de quelques Membres plus réfléchis. Ils virent qu'on alloit trop loin, craignirent de le compromettre défagréablement dans le Public, & jugerent prudent d'affoupir cette affaire. Pour y parvenir, on eut l'air d'entreprendre ou d'ordonner la traduction Portugaife; on laiffa à M. Carrere la liberté de faire imprimer à fes frais & dépens la recette du fachet, & l'on fit obtenir à M. Thouvenel les récompenfes dues à fon mérite. L'affaire ainfi rangée à la fatisfaction de toutes les parties, on efpéra que le Public, trop accoutumé à ces miférables intrigues pour en être long-temps la dupe, ne tarderoit pas à oublier ce qu'il avoit méprifé.

L'événement avoit déja prouvé la fageffe de ces vues : il n'étoit plus queftion dans Paris de M. Thouvenel, & même il s'étoit retiré dans fa Province, lorfque les Auteurs du Mercure s'avifezent d'inférer dans leur Journal la prétendue contrefaction de ce Médecin, précédée d'un préambule défobligeant pour moi, & dans lequel, en faifant profeffion d'impartialité, ils ne décidoient pas à mon défavantage, & de leur propre autorité, moins de trois ou quatre queftions affez compliquées (*Voy. Mercure du Samedi 9 7bre. 1780 partie politique, art. Paris.*)

Je dois dire en faveur des perfonnes étrangeres à la littérature Françoife, que le Mercure eft le plus ancien des Journaux connus. Après avoir changé plufieurs fois de forme, il eft devenu un objet d'attention pour le Gouvernement; il en eft protégé & en quelque forte avoué : les Auteurs qui le rédigent aujourd'hui, ont des prétentions à l'eftime publique, & feroient bien fâchés qu'on ne les crût pas capables de mieux que de la rédaction d'un Journal.

lations diverfes pendant les deux années fuivantes.
5°. Relations avec la Faculté de Médecine de Paris.

Au moyen de quelques réflexions affez courtes
que je joindrai à cette hiftorique, il reftera peu de
chofe à defirer pour ceux qui veulent connoître les
détails de cette affaire.

J'ai été accueilli avec indécence par les Compagnies favantes que j'ai à citer. Je dirai fans ménagement comment les chofes fe font paffées entre elles
& moi.

Je traiterai tous les Savants d'égal à égal; car je
déclare que je n'en fais pas un, quel qu'il foit, qui
doive balancer à traiter d'égal à égal avec moi. Il
peut avoir plus de génie; mais je ferai plus utile.

Qu'ils me permettent de leur demander par quelle efpece de com-
binaifon ils ont mis de l'importance aux niaiferies de M. Thouvenel, tandis qu'ils n'ont pas daigné rendre compte de mon mémoire
fur la découverte du MAGNÉTISME-ANIMAL, tandis qu'ils n'ont donné
qu'un extrait informe & infuffifant *des obfervations de M. d'Eflon*,
tandis enfin qu'ils n'ont rien dit de mes *propofitions à la Faculté de
Médecine de Paris*: propofition, qui, fous quelque afpect qu'on les
envifage, font très-certainement dans les fciences un événement
autrement remarquable que le fachet Thouvenel.

J'efpere que les Auteurs du Mercure me pardonneront cette note.
Mon deffein n'eft pas de les offenfer plus que je ne le fuis de ce
qu'ils ont dit. S'ils vouloient donner aux Journaliftes de toute efpece l'exemple d'abandonner les factions, & de préférer dans la
littérature le rôle de rapporteurs à celui de juges, peut-être un
jour reprocheroit-on moins à ces fortes de productions leur futilité
& leur mal-honnêteté. Quoi qu'il en foit, j'avois à prouver que les
Journaliftes les plus accrédités étoient fufceptibles de partialité à
mon égard: je crois l'avoir fait fans que l'on puiffe me taxer de
m'être adreffé à des inconnus.

Je laisserai paroître le mépris des personnes qui ont cru se faire un nom en affichant le mépris de moi.

Je nommerai chacun par son nom. Chacun m'a bien nommé par le mien. Quelque dure que paroisse ma véracité, j'aurai encore des égards qu'on n'a pas eu pour moi. Du moins je ne calomnierai pas.

RELATIONS

Avec la Faculté de Médecine de Vienne.

LA narration des nombreuses & insurmontables difficultés qui m'ont été opposées à Vienne, occupe une grande partie du mémoire que j'ai donné en 1779 *sur la découverte du* MAGNÉTISME-ANIMAL. Comme il seroit fatigant pour les personnes qui en ont déja connoissance de la retrouver ici, je me détermine à renvoyer mes nouveaux Lecteurs à ce mémoire, & à ne leur présenter aujourd'hui qu'un extrait de ma narration.

J'avois, confié en 1773, au Pere Heil, Jésuite, & Professeur d'Astronomie à Vienne, quelques Essais nécessairement informes de mon système pour lesquels je m'aidois de pieces aimantées. Ce Religieux, voulant usurper ma découverte, répandit dans toute l'Europe qu'avec des pieces aimantées, auxquelles il supposoit une vertu spécifique dépendante de leur forme, il s'étoit affuré des moyens de guérir les maladies de nerfs les plus graves. Il fe fervoit de moi, difoit-il, pour fes épreuves.

Je n'étois pas encore fait à ces fortes de hardieffes. Celle du Pere Hell étoit fi mal-adroite, que je me flattai de détruire aifément fes prétentions, & les erreurs de conféquence qui en pouvoient naître. Je publiai l'exiftence du Magnétifme-*animal* comme effentiellement diftinct du *minéral*, en énonçant avec précifion que fi l'ufage de l'aimant étoit utile comme conducteur, il étoit toujours infuffifant fans le fecours de la théorie du MAGNÉTISME-ANIMAL.

Il réfulta de ce débat que les imaginations du Pere Hell furent, à l'expérience, reconnues pour telles, & que néanmoins on ne voulut point admettre la diftinction que j'établiffois. Aujourd'hui même que, depuis 1776, je me fuis interdit tout ufage de l'aimant & de l'électricité, l'on affecte encore de prétendre, (& l'on trouve des gens prêts à le croire fans autre examen) que je n'agis qu'à l'aide de ces deux moyens féparés ou combinés. *

Au Pere Hell fe joignit M. Ingenhouze, Membre de la Société Royale de Londres, & inoculateur

---

* Si, lorfqu'on fera familiarifé avec le MAGNÉTISME-ANIMAL, il fe fait quelque découverte furprenante par des effets inconnus, on ne manquera pas à coup fûr de dire à l'Auteur, *c'eft du* MAGNÉTISME-ANIMAL, comme on me dit aujourd'hui, *c'eft de l'aimant* : décifions très-pertinentes, très-utiles, & qui demandent, comme on voit, un grand génie.

à Vienne, qui devoit à des moyens puérils la réputation de Physicien. * Je regrette tous les jours la peine que je me suis donnée pour la conviction de cet homme léger. Il devint de mauvaise foi, mit tout son talent à me dénigrer, & parvint cependant, par des clameurs insensées, à dérober au Public l'inconséquence de sa conduite.

Je connoissois particuliérement M. le Baron de Stoërck, Président de la Faculté de Médecine à Vienne, & premier Médecin de Sa Majesté l'Impératrice-Reine. Je lui étois attaché, & lui offris la communication de tous mes moyens sans aucune réserve, le pressant de s'assurer de la vérité par ses propres yeux. Ce Médecin, trop timide pour la place qu'il occupe, † n'a jamais su prendre un parti décidé. Il a toujours vacillé suivant les circonstances du moment : tantôt il craignoit de se compromettre, ou que je ne compromisse la Faculté : tantôt, il acquiesçoit à ce que je démontrasse l'utilité de mes principes dans un hôpital ; puis il n'osoit se

---

* La notice de ses expériences de Physique inférée il y a quelques mois avec éloge dans le Mercure de France, ne m'a pas fait changer d'avis.

Le titre de Membre de la Société Royale de Londres devroit être peu imposant. Il en est de l'Angleterre comme de la France. La fausse application & la prodigalité des distinctions littéraires les aviliront incessamment à tel point, que tout homme d'un vrai mérite n'en voudra plus.

† Un premier Médecin à Vienne est une espece de Ministre ayant le département de la Médecine.

faire rendre compte des effets que je produifois. Il m'a conftamment refufé une commiffion de la Faculté que je demandois, & a paru lui-même à la tête d'une députation que je ne demandois pas. A cette occafion, il joignit hautement fes fuffrages à ceux du Public, me témoignant fans détour, & en préfence de témoins, fes regrets d'avoir autant différé à favorifer par fon aveu l'importance de ma découverte ; & cependant il n'a jamais ofé ni l'avouer ni la défendre dans les moments décicifs. Enfin, j'ai des lettres de lui par lefquelles il convient de fa perfuafion : j'ai un *ordre* de lui, par lequel il me taxe de fupercherie.

J'avois fait paffer à la plupart des Académies des Sciences de l'Europe, le précis de mon fyftême, notamment à la Société Royale de Londres, à l'Académie des Sciences de Paris, & à l'Académie de Berlin. La derniere feule me répondit. Elle décida que j'étois dans l'illufion. Elle décidoit mal, mais elle écoutoit.

J'interrompis deux fois le cours de ces débats par des abfences. Je fis des voyages en Baviere, en Suabe & en Suiffe, recherchant par-tout les Savants, les étonnant, mais réuffiffant peu à les intéreffer.

Lorfque je retournai définitivement à Vienne, j'étois bien convaincu, par ma propre expérience, que les hommes étoient les mêmes par-tout ; aifément enflammés par la vanité, difficilement échauffés par la vérité.

Je persistai quelque temps dans la résolution de ne plus rien entreprendre. Les instances de mes amis, & sans doute le feu mal éteint de l'espérance, me firent concevoir le projet de quelques guérisons éclatantes. J'en cite trois dans mon Mémoire *sur la découverte du MAGNÉTISME-ANIMAL.* Ici je ne parlerai que d'une ; celle de la D^{lle}. Paradis.

Cette Demoiselle étoit âgée de 18 ans. Elle appartenoit à des parents connus : elle étoit elle-même particuliérement connue de Sa Majesté l'Impératrice-Reine : elle recevoit de sa bienfaisance une pension, dont elle jouissoit comme absolument aveugle depuis l'âge de quatre ans : le fond de sa maladie étoit une goutte-sereine parfaite. Elle avoit les yeux saillants, tombants hors de l'orbite, & convulsifs. Elle étoit de plus attaquée d'une melancolie accompagnée d'obstructions à la rate & au foie, qui la jettoient souvent dans des accès de délire & de fureur, propres à persuader qu'elle étoit d'une folie consommée. Elle avoit fait des remedes de toute espece : elle avoit souffert imprudemment plus de trois mille secousses de l'électricité : elle avoit été traitée pendant dix ans par M. Stoërck sans succès ; enfin elle avoit été déclarée incurable par M. le Baron de Wenzel, Médecin oculiste fixé à Paris, qui dans un de ses voyages à Vienne, l'avoit examinée par ordre de Sa Majesté l'Impératrice-Reine.

Si jamais aveuglement a été constaté, c'étoit

fans difficulté celui de la D^{lle}. Paradis. Je lui rendis la vue. Mille témoins, au nombre defquels étoient plufieurs Médecins, M. Stoërck lui-même, accompagné du fecond Préfident de la Faculté, & à la tête d'une Députation de cette Compagnie, vinrent jouir de ce fpectacle nouveau, & rendre hommage à la vérité.

Le pere de la D^{lle}. Paradis fe fit un devoir de tranfmettre fa reconnoiffance à toute l'Europe, en configmant dans les feuilles publiques les détails intéreffants de cette cure. On peut lire fa relation, traduite de l'Allemand, dans mon Mémoire fur la découverte du MAGNÉTISME-ANIMAL.

Il paroiffoit impoffible de contefter un fait auffi avéré. Cependant M. Barth, Profeffeur d'Anatomie pour les yeux, & opérateur de la cataracte, entreprit avec fuccès de le faire paffer pour fuppofé. Après avoir reconnu par deux fois chez moi, que la D^{lle}. Paradis jouiffoit de la faculté de voir, il ne craignit pas d'attefter dans le Public qu'elle ne voyoit pas. Il difoit hardiment s'en être affuré par lui-même, & donnoit pour preuve de ce qu'il avançoit, que la D^{lle}. ignoroit ou confondoit le nom des objets qui lui étoient préfentés : chofe bien fimple affurément, & même inévitable dans une perfonne aveugle de naiffance ou de bas-âge. *

Ce

---

* Il ne fuffit pas de rétablir l'organe des aveugles de naiffance, & d'en ménager la fenfibilité ; il faut encore les familiarifer avec l'idée que la caufe de leur fenfation eft externe, avec l'abfence,

Ce Membre de plus dans l'association de M. Ingenhouze, & du Pere Hell, m'alarmoit peu. La vérité prouvoit l'extravagance avec éclat. Que je connoissois peu les ressources de l'envie!

On trama le complot d'enlever à mes soins la D^{lle}. Paradis, dans l'état d'imperfection où étoient ses yeux, d'empêcher qu'elle ne fût présentée à Sa Majesté, & d'accréditer ainsi sans retour l'imposture avancée.

Pour arriver à cette odieuse fin, il falloit échauffer la tête de M. Paradis. On lui fit craindre de voir supprimer la pension attachée à la cécité de sa fille : on lui persuada de la retirer de mes mains : il la réclama, d'abord seul, puis de concert avec la mere : la résistance de la D^{lle}. lui attira de mauvais traitemens : le pere voulut l'enlever de force : il entra chez moi l'épée à la main comme un forcené : on désarma ce furieux ; mais la mere & la fille tomberent évanouies à mes pieds. La premiere de rage, la seconde pour avoir été jettée la tête contre la muraille par sa barbare mere. Je fus délivré de celleci quelques heures après ; mais je restai dans la plus grande inquiétude sur le sort de la D^{lle}. Paradis. Les

---

la présence & la gradation de la lumiere, avec la différence des couleurs & des formes, l'éloignement & le rapprochement des objets, l'étroite alliance de la vue & du tact, &c... Toutes ces études, nous les avons faites machinalement, tous tant que nous sommes, dans l'enfance : ce qui nous empêche de réfléchir par la suite sur leurs excessives difficultés.

B

convulsions, les vomissements & les fureurs, se renouvelloient à chaque instant : elle étoit même retombée dans son premier aveuglement. Je craignois pour la vie, tout au moins pour l'état du cerveau. Je ne songeai point à la vengeance, ressource que m'offroient les loix : je ne songeai qu'au salut de l'infortunée qui étoit restée entre mes mains.

M. Paradis, soutenu des personnes qui le faisoient agir, remplit Vienne de ses clameurs. Je devins l'objet des calomnies les plus insensées. On engagea aisément le trop facile M. Stoërck, à m'enjoindre de remettre la D^lle. Paradis à ses parents.

Elle n'étoit pas en état d'être transportée : je la gardai encore un mois. Dans la premiere quinzaine j'eus le bonheur de rétablir l'organe dans l'état où il étoit avant l'accident. J'employai les quinze derniers jours à lui donner les instructions nécessaires pour raffermir sa santé, & perfectionner l'usage de ses yeux.

Les excuses que me fit M. Paradis sur le passé, les remerciments de sa femme à la mienne, la promesse volontaire de renvoyer leur fille chez moi toutes les fois que je le jugerois nécessaire pour sa santé : tout cela n'étoit que mensonge ; mais séduit par les apparences de la bonne foi, je consentis à ce que la D^lle. Paradis allât respirer l'air de la campagne. Je ne l'ai plus revue chez moi : il étoit essentiel dans le systême de ses avides parents, que cette infortunée redevînt aveugle ou parût telle. C'est à quoi les cruels donnerent tous leurs soins.

Ainſi triompherent M. Ingenhouze & ſes aſſo-ciés. *

Je ne me rétrace jamais ces affligeantes ſcenes, qu'il ne s'éleve en moi des mouvements involon-taires d'indignation contre la nature humaine. Cha-que fois j'ai beſoin de quelques inſtants de calme pour revenir à des ſentiments plus raiſonnables.

Cet événement acheva de me déterminer. Je fis mes préparatifs pour quitter Vienne, & j'exécutai cette réſolution ſix mois après, laiſſant dans ma maiſon, & aux ſoins de mon épouſe, deux De-moiſelles dont la guériſon pouvoit être conſtatée à chaque inſtant, & ſervir de preuve à la vérité. Ces arrangements, dont j'eus ſoin d'indiquer les motifs au Public, n'ont ceſſé que huit mois après mon dé-part, & par ordre ſupérieur.

Mes adverſaires s'empreſſerent de répandre, à mon arrivée en France, des préventions ſur mon compte. Entre autres inculpations mal-honnêtes, l'autorité, diſoient-ils, m'avoit enjoint de quitter Vienne : cette inutile calomnie étoit mal-adroite, puiſque j'étois recommandé à M. de Merci, Ambaſſadeur de l'Em-pire en France, par le Miniſtre des affaires étran-

---

* S'il étoit poſſible de faire entendre raiſon à la mauvaiſe foi, l'état de la Dlle. Paradis auroit préſenté un fait bien convaincant. Il étoit de notoriété publique, qu'avant d'entrer chez moi, ſes yeux étoient ſaillants & tombants hors de leurs orbites. Je les avois re-mis à leur place, en leur procurant la faculté de s'y mouvoir à volonté. Je n'aurois pas fait mieux que ma découverte néceſſitoit la plus ſérieuſe attention.

geres de Vienne, & que Son Excellence ne m'a défavoué en aucun temps. Je n'ai fait aucune démarche pour combattre cette méchanceté. Je me fuis
contenté de la démentir dans l'occafion, fans m'en
occuper davantage. Mais à quoi bon les calomnies
contre ma perfonne? Ce n'eſt pas de moi : c'eſt de
ma découverte qu'il s'agit.

RELATIONS

Avec l'Académie des Sciences de Paris.

Le fyſtême qui m'a conduit à la découverte du
MAGNÉTISME-ANIMAL, n'avoit pas été l'ouvrage
d'un jour. Les réflexions s'étoient fucceffivement ac-
cumulées dans mon efprit ainſi que les heures fur
ma tête. Je ne devois qu'à la conſtance le courage
néceffaire pour attaquer les préjugés de la raiſon &
de la Philofophie, fans être à mes propres yeux
coupable de témérité.

Le froid accueil que l'on fit aux premieres no-
tions dont je hafardai la publicité, m'étonna comme
ſi je ne l'avois pas prévu. La dériſion fur-tout me parut exceffivement déplacée de la part des Savants, &
plus particuliérement de la part des Médecins, puiſque mon fyſtême, dénué de toutes preuves, auroit
encore été auffi raifonnable que la plupart de ceux
qu'ils honorent tous les jours du nom de principes.

Ce mauvais fuccès me porta à difcuter de nouveau mes opinions. Loin de perdre à cet examen, elles en sortirent revêtues des couleurs de l'évidence. En effet, tout me disoit qu'il existoit nécessairement, dans les sciences, des principes négligés ou non apperçus, autres que ceux que nous admettions.

Tant que les principes des sciences, me répétois-je à chaque instant, seront faux ou incertains, les efforts des plus beaux génies seront infructueux pour le bonheur ou l'instruction de leurs semblables.

Les Savants, ajoutois-je, soignent avec zele le grand arbre des sciences; mais toujours occupés à l'extrêmité des branches, ils négligent d'en cultiver la tige.

Je comparois les Médecins à des voyageurs hors de leur route, qui s'égarent de plus en plus en courant toujours devant eux, au-lieu de revenir sur leurs pas pour se reconnoître.

Une ardeur brûlante s'empara de mes sens. Je ne cherchai plus la vérité avec amour. Je la cherchai avec inquiétude. La campagne, les forêts, les solitudes les plus retirées eurent seules des attraits pour moi. Je m'y sentois plus près de la nature. Violemment agité, il me sembloit quelquefois que, le cœur fatigué de ses inutiles invitations, je la repoussois avec fureur. O nature, m'écriois-je dans ces accès, que me veux-tu? D'autre fois, au contraire, je m'imaginois l'étreindre dans mes bras avec tendresse, ou la presser, avec impatience & trepignement, de fe rendre à mes vœux. Heureufement, mes accents perdus dans le filence des bois, n'a- voient que les arbres pour témoins de leur véhé- mence ; j'avois certainement l'air d'un frénétique.

Toutes autres occupations me devinrent impor- tunes. Les moments que je leur donnois, me pa- roiffoient autant de vols faits à la vérité. J'en vins à regretter le temps que j'employois à la recherche des expreffions fous lefquelles je rédigeois mes pen- fées. M'appercevant que toutes les fois que nous avons une idée, nous la traduifons immédiatement & fans réflexions dans la langue qui nous eft la plus familiere, je formai le deffein bizarre de m'affran- chir de cet afferviffement. Tel étoit l'effor de mon imagination, que je réalifai cette idée abftraite. Je penfai trois mois fans langue. *

Au fortir de cet accès profond de rêverie, je re- gardois avec étonnement autour de moi : mes fens ne me trompoient plus de la même maniere que par le paffé : les objets avoient pris de nouvelles

---

* Lecteurs fufceptibles d'enthoufiafme , vous feuls m'entendrez fans doute. Vous feuls apprécierez les épreuves par lefquelles a dû paffer pour être utile, celui que vous avez peut-être condamné plufieurs fois avec légéreté. Effayez, je vous y convie, de pen- fer fans traduire votre penfée; mais que ce ne foit qu'un amufe- ment. Si je dois, en homme qui s'intéreffe au génie, vous rappel- ler qu'il n'y a qu'une nuance imperceptible entre le dernier degré d'enthoufiafme & la folie, je crois devoir vous prévenir en Méde- cin, que fe livrer à de pareils excès, c'eft expofer les organes du cerveau à des dangers imminents.

formes : les combinaisons les plus communes me paroissoient sujettes à révision : les hommes me sembloient tellement livrés à l'erreur, que je sentois un ravissement inconnu quand je retrouvois parmi les opinions accréditées une vérité incontestable, parce que c'étoit pour moi une preuve assez rare qu'il n'y a pas d'incompatibilité décidée entre la vérité & la nature humaine.

Insensiblement, le calme revint dans mon esprit. La vérité, que j'avois poursuivie si ardemment, ne me laissa plus de doutes sur son existence. Elle se tenoit encore dans le lointain : elle étoit encore obscurcie de quelques légers brouillards ; mais je voyois distinctement la trace qui menoit à elle, & je ne m'en écartai plus. C'est ainsi que j'acquis la faculté de soumettre à l'expérience la THÉORIE IMITATIVE, que j'avois pressentie, & qui est aujourd'hui la vérité physique la plus authentiquement démontrée par les faits.

Il me restoit une longue & pénible carriere à parcourir dans l'opinion des hommes. Elle se présentoit à mes yeux dans toute son étendue. Loin de me décourager, je sentis la nécessité d'accroître mes embarras, en contractant l'étroite obligation de transmettre à l'humanité dans toute la pureté que je l'avois reçu de la Nature, le bienfait inappréciable que j'avois en main. J'examinai soigneusement quelles étoient les précautions à prendre pour le préserver de toute altération dans le trajet qu'il avoit encore à faire pour arriver à sa véritable destination.

Ces précautions trouvent des désapprobateurs en grand nombre. On me taxe de tenir une conduite équivoque, parce que je ne publie pas la théorie de ma doctrine. Je répons à cela que je ne le puis.

Comme c'est par conviction, & non par amour-propre, que je suis entraîné à reconnoître l'inutilité & même le danger d'une pareille tentative, je desire-rois fort pouvoir en établir les preuves avec ordre, clarté & précision; mais l'objet que je traite, échappe à l'expression positive. Il ne me reste, pour me faire entendre, que des images, des comparaisons, des approximations. Quelque justesse que l'on mette dans ce langage, il présente toujours des côtés imparfaits. Je n'adresse donc les réflexions suivantes qu'à cette portion de lecteurs qui lisent pour comprendre, & non pour tordre les expressions de maniere à n'y trouver que ce qui n'y est pas. Dans la confiance qu'ils peseront mes raisons avec impartialité, je ne leur demande que de l'attention. Le reste de mes lecteurs a le choix de ne pas lire ce qui suit, ou de me juger sans égard après m'avoir lu.

Le MAGNÉTISME-ANIMAL doit être considéré dans mes mains comme un sixieme sens *artificiel*. Les sens ne se définissent ni ne se décrivent : ils se sentent. On essayeroit en vain d'expliquer à un aveugle de naissance la théorie des couleurs. Il faut les lui faire voir ; c'est-à-dire sentir.

Il en eft de même du MAGNÉTISME-ANIMAL. Il doit en premier lieu fe tranfmettre par le fentiment. Le fentiment peut feul en rendre la théorie intelligible.

Par exemple, un de mes malades, accoutumé à éprouver les effets que je produis, a, pour me comprendre, une difpofition de plus que le refte des hommes.

La fuppofition d'un fixieme fens *artificiel* ne doit pas choquer : toute perfonne qui fe fert d'un microfcope, fait, à la rigueur de l'expreffion, ufage d'un fixieme fens *artificiel.* *

Si le microfcope n'étoit pas connu, & qu'un efprit actif s'avisât d'en preffentir & prédire l'invention & les merveilleux effets, on ne l'écouteroit pas : au plus favorable, il pafferoit pour un rêveur ingénieux.

Inutilement établiroit-il la poffibilité de fon fyftême par des calculs profonds, pris dans le méchanifme de l'œil & les phénomenes de la lumiere. Son langage, néceffairement abftrait, feroit taxé d'obfcurité.

S'il annonçoit fubféquemment l'efpoir prochain

---

* L'ouie, la vue, l'odorat & le goût : ne font que des extenfions du tact, en forte qu'il n'y a qu'un fens. Cependant, on en compte cinq en s'attachant aux différences fenfibles. On doit convenir que le microfcope eft à l'œil ce que l'œil eft au toucher, une extenfion de l'organe. Cette idée ne peut être trop abftraite que pour des perfonnes peu familiarifées avec le langage des Sciences.

de réalifer ce qu'il n'auroit fait que preffentir jufqu'alors, fa confiance feroit réputée préfomption.

Si par la conftance de fes travaux, il parvenoit
enfin à être poffeffeur d'un microfcope, & qu'il in-
vitât les Savants à fe convaincre par leurs propres
yeux de la vérité & des avantages de la découverte, ceux-ci n'auroient-ils pas mauvaife grace de
s'y refufer par le motif qu'on ne leur auroit pas
donné préalablement la defcription de l'inftrument
& la théorie de fes effets?

Devroit-on accufer l'Auteur de mauvaife foi, s'il
prétendoit que la defcription d'un microfcope ne peut
fuppléer en rien à la poffeffion d'un microfcope?

Seroit-il non recevable, s'il avançoit que la défi-
nition de cet inftrument ne peut être intelligible
que pour ceux qui ont déja l'idée nette d'un verre
lenticulaire.

Lorfqu'à l'aide d'ouvriers intelligents, le microfcope feroit devenu auffi commun qu'il l'eft aujour-
d'hui, on fe feroit un jeu de la fimplicité du moyen.
Cependant pour un obfervateur digne de la grandeur de la nature, que d'obfervateurs bornés, inep-
tes, & même impertinents!

L'inventeur de cette admirable machine en auroit agi fort fimplement en la prodiguant fans précaution. Que le monde néglige des objets de curiofité, & même en abufe jufqu'à un certain point,
l'inconvénient eft mince.

Mais il auroit commis la plus haute imprudence,

fi la découverte avoit intéreffé la fûreté, la fanté, la vie ou la mort de fes femblables : objets facrés fur lefquels on fe permet tant d'horribles légéretés.

On peut appliquer au Magnétisme-Animal les confidérations que je viens de préfenter, & en tirer deux conféquences principales. La premiere eft que je tenterois en vain de donner la théorie de ma doctrine, fans autre préalable : je ne ferois ni écouté ni entendu. La feconde eft que lorfqu'elle fera univerfellement établie, elle ne préfentera dans la pratique qu'uniformité aux yeux fuperficiels, tandis qu'elle abforbera toutes les facultés intellectuelles des perfonnes dignes de l'adminiftrer.

Ces deux conféquences admifes, on doit concevoir par quelle prudence je defire créer des éleves de qui je puiffe être entendu, à qui je puiffe tranfmettre fans danger les fruits de mon expérience, & qui puiffent à leur tour faire de nouveaux éleves.

L'ambition de ne travailler à leur inftruction que fous les yeux du Gouvernement, devroit fermer la bouche de tous ceux qui ofent me prêter des vues étrangeres au bonheur des Peuples. *

Les malheureux retardemens que j'éprouve †

---

* On me taxe de n'en agir ainfi que par des vues de fortune. Je peferai peut-être ailleurs cette objection. J'obferve ici 1°. qu'elle eft très-déplacée dans la bouche de la plupart des Gens de lettres ou de fciences ; ils ne rêvent que fortune : 2°. que je n'ai befoin d'aucun Gouvernement pour gagner de l'argent à fatiété.

† Qui n'a gémi des mortalités qui, ces dernieres années, ont

ont porté des personnes de sens, & bien intention-
nées, à me conseiller de suffire seul à la vérité en
faisant des éleves à mon choix, & en telle nombre
qu'il me plairoit, sans m'embarrasser de l'attache du
Gouvernement.

Cet avis a ses côtés spécieux, & l'exécution
m'en seroit facile; mais après mûre réflexion, j'ai
senti que mes efforts n'aboutiroient qu'à fonder une
secte qui auroit à vaincre autant & plus d'obsta-
cles que moi. Isolé, je cause peu d'ombrage : on se
contente de plaisanter & de médire ; mais s'il y
avoit seulement cinq ou six Médecins comme moi
répandu dans Paris, l'avarice, tremblante pour ses
gains habituels , ne verroit en eux que des ennemis dangereux & prêts à tout envahir sans partage.
On mettroit tout en œuvre pour faire suspecter &
pour détruire leur doctrine : le merveilleux de
leurs effets aideroit à sonner & faire prendre l'a-
larme. Peut-être même l'imprudence des personnes
dépositaires de mes principes donneroit-elle lieu à
des interprétations fâcheuses. Car je puis & dois répondre de moi : mais je ne puis ni ne dois répondre
des autres. Alors il ne seroit pas surprenant que la
vérité fût contrainte à se cacher dans l'avilissement. Je
pense qu'il vaut mieux, quoi qu'il en coûte, différer

---

emporté tant de matelots dans les ports de France? Peut-être n'en
auroit-il péri aucun, si j'avois été écouté deux ans auparavant,
comme cela se pouvoit.

fon triomphe avec prudence que de le compromettre par trop de précipitation.

Tels font en fubftance les principes qui ont dû
fervir de regle à ma conduite, foit à Vienne, foit
en France.

Lorfque j'arrivai à Paris, quelques feuilles publiques avoient annoncé que je quittois l'Allemagne
dans le deffein de foumettre ma caufe au jugement
des favants François. On avoit répandu dans le Public des écrits où ma réputation étoit déchirée, &
ma découverte tournée en ridicule : je n'étois pas
mieux traité dans les correfpondances particulieres.
Ces circonftances, jointes à la fingularité & au mérite réel de ma découverte, me perfuadoient qu'il
pouvoit être queftion de moi en Pays étranger ;
mais je n'avois nulle prétention à une célébrité acquife. Je fus donc étonné de me voir recherché à
Paris avec quelque empreffement. A peine eus-je
fait choix d'un pied-à-terre, que je me vis affailli de
perfonnes qui venoient me confulter. * Ce début

---

* Un jour que j'avois du monde chez moi, l'on m'annonça un
Préfident d'une Cour Souveraine. Je vis entrer une perfonne dans
le coftume des gens de robe, qui, fans égard pour le refte de la
compagnie, s'empara de moi, me confulta fur fes maladies, & m'ac-
cabla de queftions, en parlant à outrance & avec une familiarité
que je trouvois déplacée dans un homme bien né. C'étoit M. Por-
tal, Médecin à Paris, qui, très-fatisfait de fa gentilleffe, fe hâta
d'en tirer vanité dans le monde. Il étoit prouvé fans replique, felon lui, que je n'avois aucun des talents dont je me vantois, puifque, fur fa parole, je l'avois cru malade quoiqu'il n'en fût rien,
puifque j'avois ajouté foi à l'affurance qu'il me donnoit d'éprouver

me flatta; mais m'appercevant bientôt que la curiofité fuperficielle étoit un goût dominant dans cette
Capitale, je jugeai convenable de rompre fans affectation toute liaifon propre à me conduire par
une route auffi contraire à mes vues.

Cependant j'avois au nombre de mes Connoiffances M. Le Roi, Directeur de l'Académie des Sciences de Paris. Il avoit affifté à plufieurs de mes expériences, avoit reconnu la réalité de ma découverte, paroiffoit en apprécier les conféquences, &
prendre intérêt à fes fuccès. Je ne lui diffimulai pas
combien j'avois été étonné du peu d'accueil fait par
fa Compagnie à mes ouvertures, & combien je trouvois étrange fon indifférence pour une queftion où
il s'agiffoit du falut du Peuple.

M. Le Roi m'offrit fa médiation auprès de fa
Compagnie, fi je confentois à faire une feconde tentative. Je lui remis les affertions relatives à mon
fyftême, & nous convinmes du jour où je me ren-
drois à l'Académie pour être témoin du rapport.

Je fus exact : j'arrivai d'affez bonne heure pour
voir fe former une affemblée de l'Académie des
Sciences de Paris.

A mefure que les Académiciens arrivoient, il s'é-
tabliffoit des Comités particuliers, où fe traitoient
fans doute autant de queftions favantes. Je fuppofois

---

des fenfations que, dans le fait, il n'éprouvoit pas, & puifqu'enfin
dupe de l'habit, je n'avois pas fu diftinguer le pantalon du Préfident.

avec vraisemblance, que lorsque l'assemblée seroit assez nombreuse pour être réputée entiere, l'attention divisée jusqu'alors, se fixeroit sur un seul objet. Je me trompois : chacun continua sa conversation ; & lorsque M. Le Roi voulut parler, il réclama inutilement une attention & un silence qu'on ne lui accorda pas. La persévérance dans cette demande fut même vertement relevée par un de ses confreres impatienté, qui l'assura positivement qu'on ne feroit ni l'un ni l'autre, en lui ajoutant qu'il étoit bien le maître de laisser le Mémoire qu'il lisoit sur le bureau, où pourroit en prendre communication qui voudroit. M. Le Roi ne fut pas plus heureux dans l'annonce d'une seconde nouveauté. Un second confrere le pria cavaliérement de passer à un sujet moins rebattu, par la raison péremptoire qu'on l'ennuyoit. Enfin une troisieme annonce fut brusquement taxée de charlatanerie par un troisieme confrere, qui voulut bien suspendre sa conversation particuliere tout exprès, pour donner cette décision réfléchie.

Heureusement il n'avoit pas été question de moi en tout cela. Je perdis le fil de la séance, & réfléchissant sur l'espece de vénération que j'avois toujours eue pour l'Académie des Sciences de Paris, je conclus qu'il étoit essentiel pour certains objets de n'être vus qu'en perspective. Révérés de loin, qu'ils sont peu de chose vus de près !

M. Le Roi me tira de ma rêverie en m'annonçant qu'il alloit parler de moi. Je m'y opposai vivement, le priant de remettre la chofe à un autre jour. Les efprits, Monfieur, me paroiffent très-mal difpofés aujourd'hui, lui dis-je. On a manqué d'égards pour vous, n'eft-il pas à préfumer qu'on en auroit encore moins pour un étranger tel que moi. A tout événement, je defire n'être pas préfent à cette lecture. Je ferois forti fi M. Le Roi avoit infifté.

L'affemblée finit comme elle avoit commencé : fes Membres défilerent fucceffivement. Il ne refta bientôt plus qu'une douzaine de perfonnes, dont M. Le Roi éveilla fuffifamment la curiofité, pour qu'on me preffât de faire des expériences.

L'enfantillage de me demander des expériences, avant de fe mettre au fait de la queftion, m'en auroit fait paffer l'envie fi je l'avois eue. Je m'excufai mal-adroitement fur ce que le lieu n'étoit pas convenable. Plus mal-adroitement encore je me laiffai entraîner, fans favoir m'en défendre, chez M. Le Roi, où M. A***, fujet à des attaques d'afthme, voulut bien fe prêter à mes effais. *

M. A***. étoit dans un fauteuil : j'étois debout devant lui, & je le tenois par les mains : à quelque diftance, & derriere moi, ricanoit défobligeamment le refte de la Compagnie.

J'interrogeai

---

* J'ai annoncé que je nommerois chacun par fon nom ; mais la fcene que je décris eft trop bizarre : je n'ai pas la force d'en nommer les Acteurs. Il fuffira de favoir que nous étions dix ou douze perfonnes raffemblées chez M. Le Roi : tous Académiciens, ou afpirants à l'être.

J'interrogeai M. A ***, fur la nature dès fenfations que je lui occafionnois. Il ne fit aucune difficulté de me répondre qu'il fentoit des tiraillements
dans les poignets, & des courants de matiere fubtile
dans les bras; mais lorfque fes Confreres lui firent
ironiquement la même queftioh, il n'ofa leur répondre qu'en balbutiant, & d'une maniere équivoque. Je ne jugeai pas à propos de m'en tenir là : je
procurai à M. A ***, une attaque d'afthme : la toux
fut violente. Qu'avez-vous donc, lui demanderent
fes Confreres d'une air moqueur ? Ce n'eft rien,
repliqua M. A *** : c'eft que je touffe : c'eft mon
afthme : j'en ai tous les jours des attaques pareilles.
Eft- ce à la même heure, lui demandai-je à mon
tour & à haute voix ? Non, répondit-il, mon accès
a avancé; mais ce n'eft rien. Je n'en doute pas,
repris-je froidement, & je m'éloignai pour mettre
fin à cette fcene ridicule.

Je crus m'appercevoir que M. A *** étoit moins
gêné après le départ de plufieurs témoins. Nous
n'étions plus que cinq, y compris MM. A ***, le
Roi & moi. J'offris à ces Meffieurs une preuve
que notre organifation eft fujette à des pôles, ainfi
que je l'avois avancé. Ils y confentirent, & en conféquence je priai M. A *** de mettre un bandeau
fur fes yeux. Cela fait, je lui paffai les doigts fous
les narines à plufieurs reprifes; & changeant alter-
nativement la direction du pôle, je lui faifois ref-
pirer une odeur de foufre, ou je l'en privois à vo-

lonté. Ce que je faifois pour l'odorat, je le faifois également pour le goût, à l'aide d'une taffe d'eau.

Ces expériences ayant été bien conftatées par l'aveu formel & répété de M. A***, je me retirai très-peu fatisfait, on peut le croire, de la compagnie avec laquelle j'avois fi défagréablement perdu mon temps.

Peu de jours après, j'allai rendre mes devoirs à fon Excellence M. de Merci, Ambaffadeur de l'Empire. Je le trouvai prévenu contre la folidité des expériences que je viens de citer. Il avoit été inftruit par l'Abbé Fontana, qui, n'ayant pas été témoin, ne parloit que d'après M. Le Roi : ce que je trouvai tout au moins fingulier.

J'eus occafion de remettre mes affertions à M. le Comte de Maillebois, Lieutenant-Général des Armées du Roi, & Membre de l'Académie des Sciences. Elles faifoient partie d'un Mémoire, où j'expofois fuccinctement le defir que j'avois eu de faire coopérer fa Compagnie au fuccès d'une découverte auffi effentielle que la mienne, & la peine que je reffentois de n'avoir pas réuffi.

M'étant rencontré chez ce Seigneur avec M. Le Roi, je me plaignis amérement du fens-froid avec lequel ce dernier m'avoit expofé, moi étranger & fans fupport, à l'incivilité de fes Confreres. Dans ma jufte indignation, j'allai jufqu'à prononcer que je creyois devoir faire peu de fond fur un homme qui, après avoir embraffé de fon propre mouvement la cauſe de la vérité, la ſoutenoît auſſi mal dans l'occaſion.

L'urbanité Françoiſe adoucit l'aigreur de cette converſation. Du procédé M. de Maillebois nous conduiſit inſenſiblement à ne parler que de la choſe. A des queſtions réfléchies ſur le genre, les effets & les conſéquences de ma découverte, il joignit le regret de ne s'être pas trouvé à portée de m'épargner les déſagrements dont je me plaignois, & le deſir de voir les expériences que ſes Confreres avoient dédaignés. Je conſentis à lui donner cette ſatisfaction.

Au jour indiqué MM. de Maillebois & Le Roi ſe rendirent chez moi. Le dernier s'étoit fait accompagner de ſa femme & d'un de ſes amis. Moi, j'avois eu ſoin de raſſembler quelques malades. L'un d'eux enfloit & déſenfloit ſous mes mains. Ce peu de mots doit ſuffire pour faire penſer que mes expériences furent ſatisfaiſantes.

M. de Maillebois ne chercha point de ſubterfuges. Il convint avec candeur de ſon étonnement; mais en même temps il avoua qu'il n'oſeroit rendre compte à l'Académie de ce qu'il avoit vu, dans la crainte qu'on ne ſe moquât de lui. M. Le Roi, très-fort du même avis, me propoſa de mettre la vérité en évidence par le traitement & la guériſon de pluſieurs maladies.

Je rejettai ce moyen comme peu fait pour convaincre gens à qui la ſcience ne donne pas la faculté d'apprécier par le raisonnement le mérite d'expériences telles que les miennes. J'ajoutai au surplus, que lorsque je m'étois déterminé à fuir les lieux de ma naissance à raison des dégoûts que m'avoit fait éprouver le traitement heureux de maladies très-graves, ce n'avoit pas été pour m'exposer ailleurs à des désagréments de la même espece ; que si jamais les circonstances exigeoient de nouveau le sacrifice de mon repos, je le devois à ma Patrie de préférence à tout autre Pays ; qu'il entroit dans mes projets de connoître la France, l'Angleterre, la Hollande , &c. d'établir des relations avec les Savants de ces divers lieux, de leur prouver l'existence d'une vérité physique inconnue, & même d'en constater à leurs yeux l'utilité par des expériences sans appareil ; mais qu'il ne pouvoit me convenir de me fixer, sans objet déterminé, en pays étranger, d'y élever des disputes inutiles , d'y soulever les Médecins contre ma découverte, peut-être même contre ma personne, que desirant en un mot me faire connoître en Physicien & non en Médecin, je devois uniquement agir en Physicien, jusqu'à ce que les circonstances me permissent de faire mieux.

J'avois entendu plusieurs fois attribuer vaguement à l'imagination ceux de mes effets que l'on vouloit nier ; mais il étoit nouveau pour moi d'entendre lui attribuer des effets avoués tels que je venois de les produire. Cette pitoyable objection sortit de la bouche de M. Le Roi.

J'étois armé contre les raisonnements spécieux de la prudence ordinaire. Les déclamations tant rebattues en faveur de l'humanité, avoient perdu le droit de me séduire : j'aurois même résisté aux sollicitations de l'amitié, bien convaincu que je ne devois être mû que par des considérations indépendantes de tout intérêt particulier; cependant, je ne fus pas tenir contre un raisonnement puéril. Pris au dépourvu, je fus piqué : je perdis mes principes de vue; & je m'engageai comme par défi, & contre toute espece de raison, à entreprendre le traitement d'un certain nombre de malades.

Cette espece de preuves paroît sans replique : c'est une erreur. Rien ne prouve démonstrativement que le Médecin ou la Médecine guérissent les maladies. On verra dans la suite de cet écrit avec quelle sérénité l'on a fait usage de ce raisonnement contre moi. Qu'on ne se hâte donc pas de m'accuser de paradoxe. *

Mais lorsque, par exemple, je promene sous mon doigt une douleur fixe occasionnée par une incommodité quelconque; lorsque je la porte à volonté du cerveau à l'estomac, de l'estomac au bas-ventre, & réciproquement du ventre à l'estomac & de l'estomac au cerveau, il n'y a que la folie con-

---

* Guérissez, me crie-t-on de tous côtés, & l'on vous croira. Rien n'est plus faux. J'ai très assurément fait des cures dans Paris. Quoi de plus commun néanmoins que d'entendre décider qu'il n'en coule aucune?

fommée ou la mauvaife foi , la plus infigne qui puiffent méconnoître l'Auteur de fenfations pareilles.

J'avance donc en axiome inconteftable, que tout
Savant doit en une heure de temps être auffi convaincu de l'exiftence de ma découverte, qu'un Pay-
fan des Montagnes Suiffes pourroit l'être après des
traitements de plufieurs mois.

Cependant, on vient de voir que je m'engageai
à des traitements fuivis pour convaincre des Savants. Il fut convenu que je n'entreprendrai pas de
malades que préalablement leur état ne fût conftaté
par les Médecins de la Faculté de Paris, afin de
pouvoir juger les fuccès par l'infpection des perfonnes, lorfque leurs traitements feroient confommés.

J'ai fidélement tenu ces engagements. Je me retirai au mois de Mai 1778, avec quelques malades,
au village de Creteil, à deux lieues de Paris; le
22 Août fuivant, j'écrivis à M. Le Roi la lettre que
voici.

M. MESMER à M. LE ROI, *Directeur de l'Académie des Sciences de Paris.*

Creteil, le 22 Août 1778.

J'AI eu l'honneur, Monfieur, de vous entretenir plufieurs fois
à Paris, en votre qualité de Directeur de l'Académie, du
MAGNÉTISME·ANIMAL. Quelques-uns de MM. vos Confreres ont eu auffi des conférences avec moi fur ce principe.
Son exiftence vous a paru fenfible par les épreuves que j'ai
faites fous vos yeux & fous les leurs. Je vous ai remis mes
propofitions fommaires pour être communiquées à l'Académie.

J'ai aussi laissé à M. le Comte de Maillebois un Mémoire relatif. Vous m'avez paru l'un & l'autre desirer qu'aux preuves de l'existence, je joignisse celles de l'utilité. J'ai entrepris en conséquence le traitement de plusieurs malades, qui ont bien voulu, pour cet effet, se rendre au village de Creteil, que j'habite depuis quatre mois.

Quoique j'ignore encore, Monsieur, la façon de penser de l'Académie sur mes propositions, je m'empresse de l'inviter, par votre médiation, & vous-même aussi particuliérement, Monsieur, à constater l'utilité du MAGNÉTISME-ANIMAL, appliqué aux maladies les plus invétérées. Leurs traitemens devant finir avec ce mois, j'ose espérer que vous voudrez bien me transmettre les intentions de l'Académie, en m'indiquant le jour & l'heure où ses députés voudront bien m'honorer de leur visite, afin que je me mette en état de les recevoir. C'est avec des sentimens de la plus parfaite considération, que j'ai l'honneur d'être,

MONSIEUR,

Votre très-humble, &c.

L'Académie ne jugea pas à propos de répondre à cette lettre. Le récit qui va suivre de mes relations avec la Société Royale de Médecine dira pourquoi je n'en fus pas surpris.

Je cherchai à savoir comment les choses s'étoient passées. On m'assura que M. Le Roi ayant eu l'honnêteté de présenter ma lettre à l'Académie, la lecture en avoit été interrompue par MM. d'Aubenton & Vicq d'Azir, qui s'étoient formellement opposés à ce que l'on s'occupât de ma découverte. Ces deux Messieurs sont Membres de la Société Royale de Médecine.

Vrai ou faux, ce procédé ne m'étonna pas de la

part de M. Vicq d'Azir. Il n'en fut pas de même de
M. d'Aubenton. Affocié en émule aux écrits & à
la gloire d'un homme immortel, fidele compagnon
du chantre éloquent, dont s'honorent à l'envi la
France & la Nature, il n'auroit pas dû perdre de
vue, que s'il marche vers la poftérité d'un pas ferme
à côté de M. de Buffon, c'eft pour y être affis fur
un trône de merveilles inconcevables. Je l'attends
là, pour lui demander de quel droit il a dit à la
Nature que les limites de fa puiffance font placées
en déça de la carriere que j'affirme lui voir parcourir.

Je viens de rendre un compte exaĉt & vrai de
mes relations avec l'Académie des Sciences de Paris : je m'attends que l'on criera à l'impofture : toutes les voix font intéreffées à dépofer contre moi :
Il ne fe levera pas un feul témoin en ma faveur;
cependant, feul contre tous, je parois en affurance
devant mes juges. C'eft au Public que j'en appelle.
Je me flatte qu'il pefera fur-tout ma lettre à M. Le
Roi. Elle n'a certainement été écrite que parce qu'il
y avoit des conventions antérieures. Ce point accordé, il eft évident 1°. que j'ai recherché l'Académie des Sciences de Paris; 2°. que j'ai fait des expériences & traité des malades pour opérer fa conviction; 3°. qu'elle ne s'eft pas mife fort en peine
d'être convaincue.

Je n'en demande pas davantage.

RELATIONS

Avec la Société Royale de Médecine de Paris.

IL est assez généralement reçu dans Paris, que j'ai eu mauvaise grace de refuser une *Commission* nommée par la Société Royale de Médecine, pour l'examen de ma découverte.

Ai-je refusé cette *Commission* ? La question ainsi établie le seroit si mal, que je pourrois y répondre indifféremment oui & non. Dans le fait, j'ai refusé une *Commission*; mais j'ai accepté des *Commissaires* : espece d'énigme qui demande explication si l'on veut l'entendre.

Qu'est-ce qu'une *Commission* de la Société Royale de Médecine de Paris ? Le voici.

Lorsque le possesseur d'une poudre, d'une liqueur ou d'une composition quelconque, auxquelles on suppose des vertus médicinales, veut en faire commerce sans courir le risque d'être inquiété, il doit s'adresser à la Société Royale de Médecine, pour obtenir, dans les formes requises, une permission que l'on appelle, tantôt *Brevet*, tantôt *Privilege*. En conséquence, il se présente au Secretaire-Perpétuel de la Compagnie : la Compagnie autorise le Suppliant à déposer une fiole de sa liqueur ou un paquet de sa poudre, le tout cacheté pour éviter les indiscrétions. Des Commissaires nommés exprès,

& tenus à garder le secret, ont seuls le droit d'ouvrir ces dépôts lorsqu'il en est temps. Il en font
l'analyse chymique, s'il y a lieu ; assistent aux traitements entrepris par les auteurs ou possesseurs des
remedes, & constatent leurs bons ou leurs mauvais
succès. Sur leur rapport se forme l'opinion de la
Compagnie. Toutes ces formalités, & de plus ri-
goureuses encore, s'observent avec la plus scru-
puleuse exactitude ; & néanmoins, c'est ainsi que
sont *brevetés* ou *privilégiés*, tous les marchands
de poisons qui, sous le nom générique de charlatans, dévastent à l'envi les Villes & les Campagnes
de ce beau Royaume.

Il y a sans doute tel de mes Lecteurs qui s'ap-
perçoit déja que je n'ai pu accepter une pareille
Commission : je n'ai ni poudre ni liqueur à déposer :
je n'ai ni *Brevet* ni *Privilege* à solliciter ; mon
desir n'est pas de m'établir en France ; & très-certainement je ne veux y faire aucun commerce de
drogues. Enfin, si ma doctrine pouvoit se mettre
dans une fiole ou dans un paquet, je ne confierois
la fiole ou le paquet qu'à des individus dont la sagesse me seroit connue de longue-main, & non à
des *Commissaires* choisis au hasard ou nommés, par
ordre du tableau.

Voilà comment & pourquoi j'ai refusé une *Commission*. A présent voici comment & pourquoi j'ai
demandé des *Commissaires*.

J'ai en main une vérité essentielle au bonheur de

l'humanité. Il ne suffit pas que je veuille être le bienfaiteur des hommes : il est encore nécessaire qu'ils agréent le bienfait. Avant tout, il faut qu'ils y croient. A cet effet, j'ai recherché les personnes dont l'opinion a quelque prépondérance dans le Public. Je leur ai proposé d'être témoins des effets salutaires de ma découverte, de faire valoir la vérité en lui rendant hommage, & de mériter, par ce facile moyen, la reconnoissance des Nations. La Société Royale de Médecine de Paris n'a pas jugé ce rôle digne d'elle. Elle m'a refusé des *Commissaires*, sous le savant prétexte que je ne présentois ni poudre, ni liqueur, ni fiole, ni paquet.

Il ne faut ni se le dissimuler ni l'oublier : les difficultés entre les Savants & moi ne proviennent que de ce que je me contente d'invoquer leur témoignage, en les pressant uniquement de constater & confesser hautement l'existence & la réalité de ma découverte. Ils voudroient en être les arbitres, les juges, les dispensateurs. Leur Tribunal est tout, & la vérité ne leur est rien, s'ils n'en peuvent tirer avantage pour leur gloire ou leur fortune. Périsse l'humanité plutôt que leurs prétentions !

Ils devroient reconnoître qu'au fond je n'ai d'autre but que celui qu'ils se proposent eux-mêmes. Le Gouvernement quelconque à qui je remettrai ma découverte, ne la gardera certainement pas pour lui seul : il la leur livrera ; mais cette marche ne leur convient point. Ils me traitent avec mépris, parce

que je defire qu'on exige d'eux quelque fageffe
dans l'adminiftration de la vérité : on diroit qu'à
leur avis, l'ordre & la fcience ne peuvent habiter
enfemble; & véritablement dans l'état actuel des
chofes on feroit tenté de croire qu'ils ont raifon.

Le prétendu refus dont on m'accufe, n'eft pas
mon feul crime aux yeux de la Société. J'ai eu le
tort des circonftances. Non-feulement j'ai refufé,
mais j'ai refufé dans un moment fâcheux, dans un
moment où l'on avoit des vues fur moi. Si je n'en-
trois pas dans quelques détails à ce fujet, on ne
concevroit rien à la marche finguliere de cette Compagnie en toute cette affaire.

La Société Royale de Médecine de Paris étoit
un établiffement fi nouveau lorfque j'ai traité avec
elle, qu'elle n'étoit pas encore née : * elle n'étoit
que conçue ou portée. J'ai, pour ainfi dire, affifté à
l'enfantement. Le travail en fut laborieux, & le
berceau qui la reçut, n'a réfifté qu'avec peine aux
orages dont il fut affailli. La Faculté de Médecine
de Paris en poffeffion depuis des fiecles de réunir la
théorie, la pratique & l'enfeignement de la Médecine, s'eft vivement oppofée à ce qu'on défunît des
fonctions faites pour fe foutenir & s'ennoblir mutuellement. Elle prétendoit qu'il étoit inutile, ou

---

* Il y avoit déja quatre mois que je traitois avec la Société,
lorfqu'elle obtint les lettres-patentes du mois d'Août 1778, titre
de fa création. Il feroit long & inutile de dire quelle efpece d'exiftence elle avoit auparavant.

pour mieux dire , dangereux de créer en Médecine une Académie de paroles & d'écrits fans action néceffaire , dont l'effet infaillible feroit d'avi-
lir par les fuites la pratique & encore plus l'enfeignement , en portant hors de la pratique & de
l'enfeignement les encouragements , les diftinctions ,
les récompenfes & les prérogatives. Tel étoit le
fonds de la difcuffion, qui d'ailleurs ne me regarde
pas. Le procès a été vuidé en faveur de la Société : elle a eu l'autorité pour elle , & il eft aujourd'hui vraifemblable que la Faculté ne fe rele-
vera jamais du coup qui doit par fes fuites la plon-
ger dans un aviliffement abfolu , elle, fes Membres , fes Ecoles & fes Eleves.

Cependant il s'agiffoit de mettre le Public de fon
parti : il falloit fe faire un nom dans le monde ; car,
tout en méprifant le Public, on veut l'avoir pour foi.
Il paie fi bien le bruit que l'on fait pour lui plaire !

Preffée de fe faire valoir par toutes fortes de nou-
veautés, la Société voulut bien jetter les yeux fur
moi : elle me préfenta à baifer le fceptre qu'elle
étend fur le charlatanifme : je ne m'inclinai pas : ce
fut mon malheur. Peut-être cependant les chofes
fe feroient-elles rangées à l'amiable, fi le tranchant
Secretaire-Perpétuel de cette Compagnie n'avoit
pas rompu fans égards les mefures protectrices de
fes liants Confreres.

Le récit des faits va dire fi ma préfomption eft
ou n'eft pas vraifemblable.

Les journaux & les feuilles publiques m'avoient tranſmis à Vienne de merveilleux effets de l'électricité adminiſtrée par M. Mauduit, ſur les maladies reconnues les plus graves. Dès mon arrivée à Paris, je m'empreſſai de rendre viſite à ce Médecin. L'inſpection de ſes malades, aſſemblés dans ce moment, & ſon propre rapport, me détromperent. J'appris même de lui qu'il ne pouvoit citer aucune guériſon. Il me témoigna le deſir de voir l'action du Magnétisme Animal ſur quelques-uns de ſes malades. Je m'approchai d'une femme paralytique des bras, & d'un homme ayant perdu la faculté du tact des deux mains. Ils éprouverent de leur aveu des ſenſations extraordinaires qui leur étoient inconnues par l'électricité. M. Mauduit m'en témoigna ſon étonnement, & je me retirai après avoir reçu de lui des honnêtetés particulieres.

Je reçus ſucceſſivement la viſite de MM. Mauduit, Andry, Deſperrieres & l'Abbé Teſſier, tous Membres de la Société Royale de Médecine.

J'ignorois l'exiſtence & la conſtitution de cette Compagnie. Ces Meſſieurs voulurent bien me l'apprendre. Inſtruits que je m'étois engagé envers l'Académie des Sciences à traiter des malades, ils m'objecterent que l'inſpection des remedes nouveaux étant déſormais attribuée à la Société Royale, je devois m'adreſſer à elle.

Je n'argumentai pas contre la prétention ; mais j'obſervai, en premier lieu, que le témoignage de l'Académie étoit fuffifant dans la queftion propofée, en ce qu'il s'agiffoit moins de connoître d'un remede que de conftater l'exiftence d'une vérité phyfique ; en fecond lieu, qu'étant lié de parole avec elle, je n'aurois pas le mauvais procédé de manquer à mes engagements. Néanmoins, n'appercevaut dans la concurrence de la Société rien de défobligeant pour l'Académie, je propofai à ces Meffieurs de fuivre & conftater les mêmes expériences qu'elle.

L'offre acceptée, ces Meffieurs me propoferent à leur tour une de leurs *Commiffions*. Je demandai ce que c'étoit ; & lorfqu'on me l'eut expliqué, je n'en voulus plus entendre parler. Je m'exprimai plufieurs fois à cet égard fi clairement, & avec tant de précifion, que pour avifer aux moyens de lever cet obftacle, il fut tenu deux affemblées particulieres où j'affiftai.

Nous convînmes enfin qu'on fuivroit les mêmes errements que l'Académie des Sciences, c'eft-à-dire, que je m'engageai envers la Société, ainfi que je m'étois engagé envers l'Académie, à n'entreprendre que des malades dont l'état auroit été préalablement conftaté par des Médecins de la Faculté de Paris, de maniere à juger les fuccès par l'infpection des perfonnes après la confommation de leurs traitements.

On auroit bien voulu ne mêler directement ni indirectement aucun Médecin de la Faculté dans cette affaire ; mais cette claufe , après un débat très-fuffifant , ayant paru inadmiffible , je promis de faire fucceffivement préfenter à la Société chaque malade que ie devois traiter , afin qu'elle pût s'af-furer par elle-même de la folidité & de la vérité des confultations.

Je confentis encore à remettre d'avance les rap-ports , confultations & atteftations des Médecins de la Faculté entre les mains de la Société.

Conformément à ces conventions , je fis préfen-ter la D^{lle.} L^{açon}**** par fa mere à MM. Mauduit & Andry. Cette jeune perfonne étoit épileptique , & fes accès fe répétoient fi fréquemment qu'elle en éprouva plufieurs en préfence de ces deux Méde-cins. Néanmoins ils ne jugerent pas leurs lumieres fuffifantes pour conftater cette maladie. Seulement , M. Mauduit prétendit qu'avec fon électricité il pour-roit bien voir fi la jeune perfonne ne jouoit pas un rôle factice. Il auroit peut être mieux valu faire la chofe & ne pas la dire. Le propos parut dur & affligeant à la mere. Elle offrit les confultations de plufieurs Médecins & Chirurgiens , même le té-moignage du Bourreau , à qui , dans fon défefpoir , elle avoit confié la fanté de fa fille. Tout fut égale-ment refufé. Telle confultation ne fignifioit rien , parce qu'elle étoit donnée par un Médecin de la Faculté. M. Bordeu ne pouvoit plus avoir d'auto-rité : il étoit mort. M. Varnier , Médecin à Vitri-le-François , n'étoit qu'un inconnu. MM. Didier , pere ,

& Moreau n'étoient que des Chirurgiens, &c. La malheureuſe mere vint me trouver en larmes. Je la conſolai en me chargeant de ſa fille, ſans m'occuper autrement des tracaſſeries que je prévoyois.

Je n'envoyai plus des malades à examiner à Meſſieurs Mauduit & Andry. *

---

* La mere de la Dlle. L *** eſt en état de domeſticité. On m'objectera ſans doute qu'un témoin de cet ordre n'eſt pas recevable. Je réponds à cela que c'eſt préciſément parce qu'elle n'eſt pas ſavante, que ſes paroles font preuve en fait de Sciences. Elle raconte ſimplement ce qu'elle ne ſauroit inventer. D'ailleurs ce que je dis d'après elle, ſe rapproche tant de ce que j'ai entendu de mes propres oreilles, qu'il y auroit de la puérilité à moi de révoquer cette narration en doute.

M. d'Eſlon a fait mention de la cure de la Dlle. L *** page 70. de ſes *Obſervations ſur le MAGNÉTISME-ANIMAL.* Depuis la publication de ſon livre, on nous avoit aſſuré que la jeune perſonne étoit retombée dans un état pire que le paſſé. Cela ſe pouvoit, & nous en étions d'autant moins étonnés que, ſuivant les mêmes rapports, on violentoit ſon inclination dans une maiſon religieuſe, &c. Quelle n'a pas été ma ſurpriſe, lorſque rentrant chez moi, il n'y a pas bien long-temps, j'y ai trouvé la Dile. L *** en compagnie de ſa mere ? L'air de ſanté & l'embonpoint de la fille me confondirent : je crus rêver, & reſtai muet quelques inſtants. Enfin j'expliquai les cauſes de mon étonnement, & j'appris que la mere, appellée par ſon état à la campagne, avoit placé ſa fille dans un Couvent. Des reſtes aſſez vifs de criſes avoient alarmé les Religieuſes & autres témoins. Cependant la ſanté avoit toujours été de mieux en mieux. Succeſſivement il n'avoit reſté que le ſouvenir de la maladie & le ſentiment d'une reconnoiſſance que la mere & la fille me témoignerent avec effuſion. De mon côté je n'étois pas ſans émotion tant que dura cette ſcene.

Voilà de quelle maniere on voit, on interprète & l'on raconte dans le monde. Je profiterai de cet exemple pour faire obſerver que ſi la cure de la Dlle. L *** & d'autres avoient eu lieu ſous les auſpices & ſous les yeux du Gouvernement, il ne reſteroit rien

J'étois à peine établi depuis douze jours avec quelques malades au village de Creteil, lorfque j'appris, par une voie très-détournée, l'arrivée prochaine d'une *Commiſſion* de la Société Royale. Le bruit en fut répandu dans ma maiſon par un laquais, qui l'avoit entendu raconter à l'un des Commiſſaires nommés. Il vint juſqu'à moi ; & quoique la choſe me parût inconcevable en elle-même, les détails étoient ſi poſitifs, que je chargeai la perſonne avec qui je correſpondois à Paris, de rappeller à ces Meſſieurs nos conventions mutuelles, ainſi que mon refus très-formel & très-répété d'une *Commiſſion*.

Mes intentions remplies, je me rendis à Paris, & témoignai à MM. Andry & Deſperrieres ma ſurpriſe de leur procédé irrégulier. Ce dernier me répondit que la *Commiſſion* n'avoit été déterminée que ſur une demande faite en mon nom. Je lui repréſentai à mon tour que ſi j'avois changé d'avis, je n'aurois confié à perſonne le ſoin d'en inſtruire la Société, que perſonnellement il auroit dû ſe méfier d'un changement auſſi ſubit, lui qui connoiſſoit parfaitement mes intentions oppoſées ; enfin, pour trancher la queſtion, je déſavouai formellement toutes démarches relatives faites en mon nom. *

à objeſter contre les preuves de ce genre. Quelle différence aujourd'hui ! Je raconte : à peine fait-on attention.

* Il étoit vrai que la demande avoit été faite ; mais avec qui la perſonne qui abuſoit de mon nom étoit-elle d'accord ? Ce n'étoit pas avec moi. J'ai toujours penſé que quelques Membres de la Société Royale étoient mieux inſtruits que moi à ce ſujet.

Ce langage déplut à M. Desperrieres, & le fit sortir de sa modération ordinaire. Il mit fin à l'entretien, en m'assurant qu'on ne prenoit intérêt, ni à mes traitements, ni à ma découverte, ni à moi, & qu'au surplus je trouverois chez moi la réponse de la Société. Effectivement, de retour à ma campagne, je reçus la lettre suivante, à laquelle je joins ma réponse.

M. VICQ D'AZIR, Secretaire-Perpétuel de la Société Royale de Médecine de Paris, à M. MESMER.

Paris, le 6 Mai 1778.

La Société Royale de Médecine m'a chargé, Monsieur, dans la séance qu'elle a tenue hier, de vous renvoyer les certificats qui lui ont été remis de votre part, *sous la même enveloppe, que l'on a eu soin de ne pas décacheter.* Les Commissaires qu'elle a nommés, *d'après votre demande,* pour suivre vos expériences, ne peuvent & ne doivent donner aucun avis sans avoir auparavant constaté l'état des malades par un examen fait avec soin. *Votre lettre* annonçant que *cet examen &* les visites nécessaires n'entrent pas dans votre projet, & que pour y suppléer, il nous suffit, suivant vous, d'avoir la parole d'honneur de vos malades & des attestations, la Compagnie, en vous les remettant, vous déclare qu'elle a retiré la commission dont elle avoit chargé quelques-uns de ses Membres à votre sujet. Il est de son devoir de ne porter aucun jugement sur des objets dont on ne la met pas à portée de prendre une pleine & entiere connoissance, sur-tout lorsqu'il s'agit de justifier des assertions nouvelles. Elle se doit à elle-même cette circonspection dont elle s'est toujours fait & se fera toujours une loi.

Je suis très-parfaitement,

MONSIEUR, &c.

D 2

M. MESMER à M. VICQ D'AZIR, Secretaire-Perpétuel de la Société Royale de Médecine de Paris.

Creteil, le 12 Mai 1778.

M<small>ON</small> intention, Monfieur, ayant toujours été de démontrer l'exiftence & l'utilité du principe dont j'ai eu l'honneur d'entretenir Meffieurs de la Société Royale de Médecine, je me ferois empreffé de folliciter moi-même près d'elle la commiffion dont il eft queftion dans la lettre que vous m'avez fait l'honneur de m'écrire le 6 de ce mois, fi j'avois pu penfer que des maladies auffi graves que celles dont j'ai entrepris le traitement, fuffent fufceptibles d'être caractérifées à la fimple infpection & au feul rapport des malades. MM. Mauduit & Andry, Membres de la Société Royale, ont penfé comme moi fur cet article, lorfqu'ils ont répondu à la Dame L***, qui leur préfentoit fa fille pour conftater fa maladie, qu'ils voyoient bien que la jeune perfonne faifoit des mouvements convulfifs; mais que ces fignes apparents étoient infuffifants pour motiver leur attention. J'ai donc pris, Monfieur, de tous les partis celui qui paroiffoit le plus fûr, & en même-temps le plus conforme aux intentions de la Société Royale, en réclamant des malades qui vouloient bien m'accorder leur confiance des atteftations ou confultations faites & fignées par les Médecins de la Faculté, & je dépofois ces pieces fous les yeux de la Société Royale, afin de la mettre en état de juger du mérite des guérifons, lorfque le temps & les circonftances me permettroient de les lui offrir.

D'après ces réflexions, Monfieur, que vous voudrez bien communiquer à la Société Royale en réponfe à la lettre qu'elle vous a chargé de m'écrire, elle jugera facilement que la demande d'une commiffion, & toutes les démarches analogues, ont été faites fans mon aveu. J'ai la confiance qu'elle voudra bien n'en pas douter d'après l'affurance que j'en donne, m'accorder pour l'avenir les mêmes bontés qu'elle m'a té-

moignées pendant mon ſéjour à Paris, & croire que je m'em-
preſſerai toujours de déférer à la ſupériorité de ſes lumieres.
J'oſe vous prier de lui offrir ces foibles expreſſions de mes reſpectueux ſentiments. Ne doutez pas de la parfaite conſidération avec laquelle j'ai l'honneur d'être,

    Mᴏɴsɪᴇᴜʀ, &c.

La Lettre ci-deſſus de M. Vicq d'Azir doit paroître peu réfléchie ou inſidieuſe. Il étoit mal à lui de
parler d'une de mes lettres qui n'exiſtoit pas, de ma
demande d'une commiſſion qu'il ſavoit très-poſitivement que je déſavouois, du refus de faire conſtater l'état de mes malades pour lequel il n'ignoroit
pas que j'avois fait des démarches inutiles, &c.

Il auroit été dur de relever ces inattentions ou
ces petites ruſes. Ne ſongeant qu'à la conciliation,
j'évitai ſoigneuſement dans ma réponſe toute récrimi-
nation, & m'appliquai, ainſi qu'on a pu s'en appercevoir, à ne compromettre perſonne. Inutiles ſoins!
La lecture des lettres ſuivantes en convaincra.

*M. Mᴇsᴍᴇʀ à M. Vɪᴄǫ ᴅ'Azɪʀ, Secretaire-Perpé-
tuel de la Société Royale de Médecine de Paris.*

           Creteil, le 20 Août 1778.

Nᴇ doutant pas, Monſieur, que Meſſieurs de la Société
Royale n'aient pris connoiſſance de la réponſe que j'ai eu
l'honneur de leur faire, par votre médiation, le 12 Mai dernier, & les traitements que j'ai entrepris à Creteil devant finir
avec ce mois, je m'empreſſe d'inviter ces Meſſieurs à venir
s'aſſurer par eux-mêmes du degré d'utilité du principe dont
j'ai annoncé l'exiſtence. Si vous avez la bonté, Monſieur, de

m'annoncer le jour & l'heure où ils voudront bien m'honorer de leur viſite, je ferai dipoſé à les recevoir, & à leur répéter l'aſſurance de mes reſpectueux ſentiments.

J'ai l'honneur d'être, &c.

M. VICQ D'AZIR, Secretaire-Perpétuel de la Société Royale de Médecine de Paris, à M. MESMER.

Paris, le 27 Août 1778.

J'AI communiqué, Monſieur, la lettre que vous m'avez écrite, à la Société Royale de Médecine. Cette Compagnie, qui n'a eu aucune connoiſſance de l'état antérieur des malades ſoumis à votre traitement, ne peut porter aucun jugement à cet égard.

J'ai l'honneur d'être, &c.

Ce congé poſitif ne me laiſſant plus rien à eſpérer de la Société Royale, je dus ceſſer toutes démarches auprès d'elle.

Je ne doute pas que la verſion de cette Compagnie ne diffère de la mienne. Rien de plus aiſé que de conteſter des faits avancés ſur parole. Il n'eſt pas auſſi facile de démentir ce qui eſt écrit.

On vient de voir dans les lettres du Secretaire-Perpétuel de la Société Royale, que les certificats remis de ma part pour conſtater l'état des maladies avant le traitement des malades, m'ont été renvoyés *ſous la même enveloppe, qu'on a eu ſoin de ne pas décacheter,* & qu'on s'eſt très-poſitivement refuſé à mes invitations, lorſque j'ai propoſé de connoître le meilleur état des mêmes malades

après leurs traitements. Ces aveux formels sont décicifs.

La Société Royale a eu ses raisons pour en agir
ainsi : elle s'est prescrite des usages : rien ne peut
l'en faire sortir ; mais ces usages ne pouvoient l'au-
toriser à répandre dans le Public, sans autre explication, que j'avois refusé une de ses *Commissions*
pour l'examen de ma découverte.

Par quels motifs cette Compagnie se prescrit-elle
des usages contraires au but de toute institution res-
pectable ? Par quels motifs se permet-elle de ne pas
constater, pour le bien du Peuple, ce qu'on lui
donne à constater pour le bien du Peuple, sous
le prétexte qu'elle doit examiner ce qu'on ne lui
donne pas à examiner ?

Les usages de la Société Royale sont calqués
sur les usages de l'Académie des Sciences. Chaque
jour celle-ci déroge aux siens, sauf à modifier ses
attestations suivant les circonstances. On a vu que
cela n'a pas fait difficulté de l'Académie à moi. L'A-
cadémie ne m'a opposé ses usages en rien.

Au moment où la Société Royale de Médecine
de Paris en agissoit ainsi sur un fait des plus inté-
ressants pour l'humanité, elle sollicitoit & obtenoit
des lettres-patentes (du mois d'Août 1778) où elle
faisoit inférer qu'elle remplissoit *dignement* les espérances qu'on avoit conçues d'elle. Ils ont fait
mettre dans les mêmes lettres, que tous les Membres de la Société Royale sont autant de gens sa-

vants, recommandables, remplis de zele, d'expérience & de capacité..... La plume tombe des mains. *

Je vais traiter une queftion plus intéreffante. Qu'auroient vu les députés de l'Académie des Sciences & de la Société, fi, comme ils le devoient, ils s'étoient rendus fur mes invitations au village de Creteil? Ils auroient vu des guérifons & des foulagements remarquables. La voix du Public eft ici contre moi : cela doit être ; ils l'ont dictée.

J'ai déja cité la D^{lle}. L***. Al'époque dont je parle, elle n'étoit pas guérie ; cependant elle étoit foulagée de maniere à étonner tout examinateur digne d'un examen de cette importance. †

A cet exemple j'en ajouterai trois autres de perfonnes plus connues ¶ que j'ai traitées toutes trois

---

* Je ne fuis pas venu en France pour m'y ériger en Ariftarque de fa légiflation ; cependant n'écrivant pas uniquement pour des François, je puis dire combien je vois avec peine qu'on ait déja établi, dans quelques Etats voifins, des Sociétés de Médecine à l'inftar de celle de Paris. Je ne puis qu'exhorter les perfonnes qui pourroient avoir le même projet pour d'autres lieux, à bien réfléchir fur fes conféquences avant de le mettre à exécution.

† Le genre de la maladie m'a fait fupprimer le nom de la Demoifelle L***.

¶ En France la guérifon d'une perfonne pauvre n'eft rien : quatre cures bourgeoifes ne valent pas celle d'un Marquis ou d'un Comte : quatre cures de Marquis équivalent à peine à celle d'un Duc ; & quatre cures de Ducs ne feroient plus rien devant celle d'un Prince. Quel contrafte avec mes idées, moi qui croiroif mériter l'attention du monde entier, quand bien même je n'aurois guéri que des chiens.

à Creteil depuis le mois de Mai 1778, jufqu'à la fin du mois d'Août fuivant.

Mad. de la Malmaifon s'étoit rendue chez moi impotente de toutes les parties inférieures du corps. Elle fe retira, marchant librement.

Mad. de Berny y voyoit à peine pour fe conduire. Elle me quitta lifant & écrivant.

M. Le Ch. du Hauffay étoit attaqué dans toutes les parties du corps d'une paralyfie imparfaite. A l'âge de quarante ans, il avoit les apparences de la vieilleffe & de l'ivreffe. Je le mis en état de marcher droit, fans appui, & avec vivacité.

Pour fe faire une jufte idée de la complication de ces maladies & de leurs cures, il faut en lire les détails dans les expofés qui m'en ont été laiffés par les trois malades, & comparer les fymptômes de maladies avec les fymptômes de guérifons. Ces pieces tiendroient trop de place. On les trouvera à la fuite de cet écrit en forme de pieces juftificatives N°. 1. 2. 3.

On a fait imprimer que ces certificats ou autres étoient mendiés. Quoi ! toujours de l'odieux fans preuves & fans examen ! Cette malhonnêteté gratuite attaque ceux qui les ont donnés au moins autant que moi. Que penfer de Mefdames de la Malmaifon, de Berny & de M. Le Ch. du Hauffay, fi tous trois s'étoient fait, fans aucun intérêt, un jeu de m'aider à tromper le Public en matiere auffi délicate. Voici le début de l'expofé que m'a laiffé

M. le Ch. du Hauſſay. *La juſtice que je dois à la vérité, m'a fait donner au Public un détail cir-conſtancié*, &c. Celui qui s'exprimeroit ainſi contre ſa conſcience, ne ſeroit certainement pas un homme délicat.

On croit invalider les conſéquences preſſantes de ces cures en argumentant contre leur ſolidité. Les trois malades que je viens de citer, ſont tombés, dit-on, dans le même état, & même dans un état pire que le paſſé.

En admettant les faits pour vrais *, il y a dans cette maniere de raiſonner ſubterfuge & contradiction : ſubterfuge, en ce que l'on ne met en queſtion la ſolidité des cures que pour éviter de traiter ſérieuſement la queſtion de leur exiſtence : contradiction, en ce que la diſpute ſur la ſolidité ſuppoſe néceſſairement l'exiſtence que l'on nie.

Tant que les Savants feront vœu d'une pareille incohérence d'idées, il ſera impoſſible de les atteindre ou de les ſuivre.

---

* Je paſſe comme on voit, bien légérement ſur cette allégation ; cependant je ne ſuis pas convaincu de ſa vérité.

L'an dernier, j'entendois aſſurer très-poſitivement que Mad. de la Malmaiſon ne marchoit plus. La veille, M. d'Eſlon lui avoit donné le bras dans Paris.

Je n'ai point appris que Mad. de Berny ſoit redevenue aveugle ; mais j'ai compris qu'on attribuoit aux effets de mes traitements des incommodités ſurvenues depuis, non ſans l'aſſiſtance des plus grands Médecins de la Capitale. — Quant à M. le Ch. du Hauſſay, l'on m'a aſſuré qu'il avoit pratiqué un grand nombre de Médecins depuis que je ne l'ai vu.

Ramenons-les à des raisonnements plus solides, en prêtant pour quelques instants aux têtes académiciennes & sociétaires un peu moins de légéreté & un peu plus d'amour du bien qu'elles n'en ont montré. Supposons qu'en conséquence de nos conventions, ces deux Compagnies se fussent rendues au village de Creteil pour s'y comporter avec la dignité & la vérité dont elles devroient être jalouses.

Les Députés, gens bien élevés, n'auroient certainement pas affiché la prétention de dire ou de faire des gentillesses.

Ils auroient interrogé les malades avec décence & discrétion : ce qui n'empêche pas que le Médecin ne s'instruise à fond des détails essentiels.

Ils auroient encouragé & non insulté le très-petit nombre de mes malades, qui par infériorité d'état auroient été timides devant eux.

En examinant avec attention & impartialité l'état des malades sous leurs yeux, ils auroient eu pour objet de lui comparer, avec une égale attention & une égale impartialité, l'état des mêmes maladies antérieurement constatées par des Médecins.

Des conversations réfléchies avec les malades auroient servi à fixer la dernière opinion sur l'efficacité de mes procédés.

Les raisonnements approfondis, les simples apperçus, la naïveté, l'enthousiasme même des personnes questionnées auroient fourni autant de points de comparaison propres à asseoir un jugement définitif sur la question proposée.

L'uniformité & la simplicité des témoignages auroient donné la certitude, que les soulagements obtenus n'étoient dus à aucuns médicaments connus jusqu'à présent.

Alors les Députés, bien convaincus de l'existence d'une vérité très-importante, n'auroient fait aucune difficulté de lui rendre un hommage non équivoque.

De retour auprès de leurs Compagnies, ils auroient fait sans exagération, mais avec exactitude, le rapport de ce qu'ils auroient vu & entendu.

Ils auroient conclu à ce qu'on ne négligeât aucune des mesures propres à faire jouir sûrement & promptement l'humanité d'avantages évidents.

Les deux Compagnies auroient adopté ces vues, non-seulement de paroles, mais encore de fait.

La confiance, ainsi établie entre les deux Compagnies & l'Auteur, celui-ci n'auroit pas été étonné qu'on l'eût pressé de raisonnements ultérieurs sur la nature de sa découverte.

,, Nous reconnoissons, auroit-on pu lui dire, que
,, votre agent a sur le corps animal une action sen-
,, sible, & que cette action est un moyen de guéri-
,, sons ou de soulagements équivalents. Ses effets
,, sont de la plus haute importance. Nous nous fai-
,, sons un devoir de le reconnoître, & sentirons une
,, vraie satisfaction à le publier. Cependant il reste
,, quelques doutes. ,,

,, A quel degré êtes-vous affuré de l'efficacité
,, de votre agent? où commence-t-il? où s'arrête-
,, t-il?

,, Ne peut-on pas craindre que vos guérifons ne
,, foient qu'apparentes ou momentanées?

,, En preffant la nature d'ufer de toutes fes ref-
,, fources, ainfi que vous paroiffez le faire, n'eft-il
,, pas à redouter que vous ne détruifiez l'élafticité
,, de fes refforts, au point de ne laiffer que l'en-
,, tiere deftruction en perfpective de la moindre
,, rechûte ou de la moindre incommodité nou-
,, velle? ,,

Voici ce que j'aurois cru devoir répondre.

,, Si je n'avois obtenu de ma découverte qu'une
,, action fenfible fur les corps animés, elle n'en of-
,, friroit pas moins en Phyfique un de ces pheno-
,, mênes curieux & extraordinaires, qui néceffiftent
,, l'attention la plus férieufe, tout au moins jufqu'à
,, ce qu'il foit reconnu par des expériences exactes,
,, multipliées, & retournées en tout fens, qu'il n'y
,, a aucun avantage réel à en efpérer.

,, Aujourd'hui, cette derniere fuppofition feroit
,, inadmiffible, puifqu'il eft prouvé que l'action du
,, Magnétisme-Animal eft un moyen de fou-
,, lagement & de guérifon dans les maladies. Seu-
,, lement l'indifférence fur un fait de cette nature
,, feroit un phénomene plus inconcevable que la
,, découverte elle-même.

,, Les données que j'ai acquifes fur l'efficacité du

„ MAGNÉTISME-ANIMAL, font très-fatisfaifan-
„ tes. En général il doit venir à bout de toutes les
„ maladies, pourvu que les reffources de la nature
„ ne foient pas entiérement épuifées, & que la pa-
„ tience foit à côté du remede ; car il eft dans la
„ marche de la nature de rétablir lentement ce
„ qu'elle a miné. Quoi que l'homme defire & faffe
„ dans fon impatience, il eft peu de maladies d'une
„ année dont on guériffe en un jour.

„ Les effets que je produis m'indiquent affez
„ promptement & affez fûrement les fuccès que je
„ dois craindre ou efpérer. Néanmoins, je ne pré-
„ tends pas à l'infaillibilité. Il peut m'arriver de
„ mal calculer les forces de la nature. Je puis en ef-
„ pérer trop & n'en pas efpérer affez. Le mieux eft
„ d'effayer toujours, parce que lorfque je ne réuffis
„ pas, j'éprouve au moins la confolation de rendre
„ l'appareil de la mort moins affreux & moins in-
„ tolérable.

„ Le MAGNÉTISME-ANIMAL ne guérira cer-
„ tainement pas celui qui ne fentira le retour de
„ fes forces que pour fe livrer à de nouveaux ex-
„ cès. Avant toutes chofes, il eft indifpenfable que
„ le malade veuille bien être guéri.

„ Une guérifon folide dépofe plus en faveur de
„ la folidité des cures par le MAGNÉTISME-
„ ANIMAL, que dix rechûtes ne prouveroient con-
„ tre ; car une rechûte méritée ne prouvant pas
„ que la maladie n'a pas été guérie, il doit tou-

„ jours refter la fufpicion que le malade a mérité
„ ou provoqué fa rechûte.

„ Pour guérir véritablement une maladie, il ne
„ fuffit pas de faire difparoître les accidents vifibles:
„ il faut en détruire la caufe. Par exemple, la cé-
„ cité qui provient d'embarras dans les vifceres, ne
„ fera véritablement guérie que par l'enlévement
„ de l'obftruction qui l'a occafionnée.

„ Une pareille cure feroit parfaite affurément;
„ néanmoins elle pourroit ne plus le paroître par
„ les fuites, fi le malade fe diffimuloit le penchant
„ que la nature conferveroit quelque temps, peut-
„ être même le refte de la vie, vers le cours fâ-
„ cheux dont elle auroit été détournée. Dans cette
„ hypothefe, il eft fenfible que l'obftruction pour-
„ roit fe former de nouveau, les accidents détruits
„ reparoître fucceffivement, & cependant la cure
„ n'avoir pas été moins réelle.

„ La connoiffance de ce dernier danger me por-
„ tera toujours à encourager les perfonnes que j'au-
„ rai guéries à recourir de temps à autre aux trai-
„ tements, par le MAGNÉTISME-ANIMAL, foit
„ pour éprouver leur fanté, foit pour la mainte-
„ nir, foit pour la raffermir, s'il y a lieu.

„ Aux caufes phyfiques, on doit ajouter l'in-
„ fluence des caufes morales. L'orgueil, l'envie,
„ l'avarice, l'ambition, toutes les paffions avilif-
„ fantes de l'efprit humain, font autant de fources
„ invifibles de maladies vifibles. Comment guérir

,, radicalement les effets de caufes toujours fubfif-
,, tantes ?

,, J'en dis autant des renverfements de fortune,
,, & des chagrins intérieurs fi communs dans le
,, monde. Le MAGNÉTISME-ANIMAL ne guérit
,, pas de la perte de cent mille livres de rente,
,, ni d'un mari brutal ou jaloux, ni d'une femme
,, acariâtre ou infidelle, ni d'un pere & d'une mere
,, dénaturés, ni d'enfants ingrats, ni d'inclinations
,, malheureufes, de vocations forcées, &c. &c. &c.

,, La funefte habitude des médicaments oppofera
,, long-temps des obftacles aux progrès du MA-
,, GNÉTISME-ANIMAL. Les maux auxquels nous
,, livre la févere nature, ne font, ni fi communs,
,, ni fi longs, ni fi ravageurs, ni fi réfiftants, que
,, les maux accumulés fur nos têtes par cette foi-
,, bleffe. Un jour cette vérité fera démontrée, &
,, l'humanité m'en aura l'obligation. En attendant,
,, il eft jufte d'obferver que fi le MAGNÉTISME-
,, ANIMAL guérit quelquefois de médicaments déja
,, pris, il ne guérit jamais de ceux que l'on pren-
,, dra par la fuite. Les perfonnes qui, fortant de
,, chez moi, fe jettent par impatience ou fuperf-
,, tition dans les remedes ufités, ne doivent s'en
,, prendre qu'à eux-mêmes des accidents qu'ils
,, éprouvent.

,, Ces diverfes confidérations doivent indiquer
,, fuffifamment que la queftion de la folidité ou de
,, la non-folidité des cures par le MAGNÉTISME-

ANIMAL

„ ANIMAL eſt le plus compliqué qu'elle ne le
„ paroît au premier coup-d'œil.

„ Sur quoi fonderoit-on la crainte que le MA-
„ GNÉTISME-ANIMAL n'épuiſe les reſſources de
„ la Nature? Ce n'eſt là qu'une préſomption. Pré-
„ ſomption pour préſomption ; il ſeroit plus rai-
„ ſonnable & plus conſolant de penſer que l'imi-
„ tation de la Nature, travaillant à notre conſer-
„ vation, doit ſe reſſentir de ſa bénignité.

„ Quoique mon expérience m'ait appris que le
„ MAGNÉTISME-ANIMAL, entre les mains d'un
„ homme ſage, n'expoſera jamais le malade à des
„ ſuites fâcheuſes, je conviens que cette queſtion
„ eſt de fait, & ne peut être décidée avec con-
„ noiſſance de cauſe qu'au moyen d'expériences auſſi
„ conſtantes que réfléchies; mais c'eſt préciſément
„ par cette raiſon que ma voix ſeule peut être de
„ quelque poids à cet égard, juſqu'à ce que la com-
„ munication & l'étude approfondie de ma doctrine
„ donnent le droit de ſe croire autant ou plus
„ éclairé que moi.

La ſimplicité & la vérité de mes réponſes auroient ſatisfait l'Académie & la Société; car il ne
faut pas oublier que j'ai ſuppoſé dans leurs Membres raiſon, réflexion & bonne-foi.

Si quelques Lecteurs, après avoir lu ce que je
viens de dire, venoient d'un air capable m'objec-
ter pour motif déterminant & ſans replique de leur
incrédulité que je n'ai pas guéri telle de leurs con-

noiſſances, ou bien que telle autre eſt tombée en état de maladie ou de mort après avoir uſé de mes traitements, je me croirois en droit de leur faire ſentir que ni le MAGNÉTISME-ANIMAL ni moi ne guériſſons la rage de parler ſans réflexion ſur les objets qui en exigent le plus.

RELATIONS DIVERSES

Depuis le mois d'Août 1778 *juſqu'en* 7bre. 1780.

A L'époque de ma rupture avec l'Académie des Sciences & la Société Royale, je quittai Creteil & me rendis à Paris. Je continuai à y traiter quatre de mes malades, tant par attachement pour leurs perſonnes, que par humanité & le deſir de ne pas rompre entiérement le fil de mes opérations; mais j'évitai ſoigneuſement la trop grande publicité de ces traitements.

En réſumant ma ſituation, je voyois que pour ſalaire de mes travaux, de mes complaiſances & de mes peines, il me reſtoit le témoignage de ma conſcience. Il étoit à-peu-près ſeul.

J'avois multiplié les expériences pour prouver l'action du MAGNÉTISME-ANIMAL, & cependant je n'avois pu faire reconnoître l'action du MAGNÉTISME-ANIMAL.

J'avois entrepris un nombre aſſez conſidérable de

traitements pour prouver que le MAGNÉTISME-ANIMAL étoit un moyen de guérifon dans les maladies les plus invétérées, & cependant je n'avois pu faire reconnoître que le MAGNÉTISME-ANIMAL étoit un moyen de guérifon.

Ma profeffion de Médecin m'avoit mis autrefois à Vienne en quelque confidération : ma découverte m'y avoit mis dans le plus grand difcrédit.

En France, j'étois un objet de rifée livré à la tourbe académique.

Si dans le refte de l'Europe, mon nom parvenoit à frapper quelquefois la voute des temples élevés aux fciences, ce n'étoit que pour être repouffé avec mépris.

Heureufement, je n'étois pas dans le befoin. La fortune, fecondant mon cœur altier, ne faifoit pas dépendre le fort de l'humanité de ma faim ou de ma foif. Elle étoit jufte la fortune; car fi, par malheur, le précieux fecret que m'a confié la Nature étoit tombé en des mains néceffiteufes, il auroit couru les plus grands dangers. Les échos infideles des fciences parlent toujours fur le ton de l'enthoufiafme des encouragements donnés aux fciences; mais ils ne difent pas de quelle vile dépendance ils font les moyens.

Je dois être protégé : je defire l'être, mais c'eft par le Monarque pere de fes Peuples, par le Miniftre dépofitaire de fa confiance, par les loix amies de l'homme jufte & utile. Tout protecteur digne

de ce nom ne me verra jamais rougir de la qualité
de protégé; mais je ne le ſerai jamais, ni ne veux
jamais l'être d'un tas de petits importants, qui ne
connoiſſent la valeur de la proteſtion, que par le
prix infame qu'elle leur a coûté à acquérir.

Cependant, plus iſolé dans Paris que ſi je n'avois
été connu de perſonne, je jettai les yeux autour de
moi pour découvrir ſi je ne pouvois pas m'appuyer
de quelqu'homme né pour la vérité. Ciel! quelle
vaſte ſolitude! quel déſert peuplé d'êtres inanimés
pour le bien!

Je tombai dans une irréſolution exceſſive. Je voyois
bien que je ne devois plus faire ce que j'avois fait juſqu'alors; mais quel parti prendre : je ne le voyois pas.

La Médecine eſt libre en France. Elle s'eſt ſou-
tenue dans cet état malgré les aſſauts fréquents qui,
depuis deux ſiecles, lui ont été livrés par les premiers Médecins du Roi. En France, où tout reſ-
pire proteſtion & crédit, la proteſtion & le crédit
des premiers Médecins du Roi n'ont pu franchir les
barrieres oppoſées à des vues illégitimes de domination. Ils ſont conſidérés en Médecine, mais voilà
tout : ils n'y ſont pas maîtres. C'étoit quelque
choſe pour moi, qui, deſireux de leur bienveillance, n'aurois pas voulu de leur proteſtion.

La place de premier Médecin du Roi étoit rem-
plie alors par M. Lieutaud, mort depuis. M. de Laſſonne, ſon ſurvivancier, étoit en outre honoré du
titre de premier Médecin de la Reine. Tous deux

étoient Membres de l'Académie des Sciences, & tous deux *Présidents* de la Société Royale de Médecine.

Ce titre commun de *Président* de la Société Royale étoit dédaigné ouvertement par M. Lieutaud, & respecté politiquement par M. de Lassonne. Il s'ensuivoit que ma discussion avec la Société Royale étoit un objet de plaisanterie pour le premier & devoit être un péché grave aux yeux du second.

M. Lieutaud me reçut avec l'affabilité qu'il tenoit d'un caractere heureux, & qu'il a toujours conservée à mon égard. Car je l'ai vu plusieurs fois depuis ; mais je n'eus pas grande peine à reconnoître qu'il étoit plus porté à ne rien croire de ce dont il avoit été persuadé autrefois, qu'à se laisser convaincre de ce qu'il n'avoit jamais cru.

Deux visites à M. de Lassonne me convainquirent pleinement qu'il ne prendroit en considération ma personne & ma découverte, que lorsque des circonstances impossibles à calculer le dégageroient de préjugés environnants.

Je ne dirai pas combien j'ai vu, recherché, ou accueilli de Savants de tous les ordres pendant mon séjour en France : le nombre est très-considérable.

Les femmes font, dit-on, superficielles. Je citerois aisément des femmes qui m'ont étonné par des questions remplies de justesse & de raisonnement, & j'aurois peine à citer beaucoup de Savants dont la conversation ait répondu à ce que je devois attendre de leurs lumieres.

J'anticiperai ſur l'ordre des temps pour faire voir que ſi je m'élève en général contre la frivolité, l'inſouciance, la morgue & la mauvaiſe foi des Savants, je n'en ſuis pas moins prêt à reconnoître le vrai mérite par-tout où je le rencontre.

Vers le mois d'Août ou de Septembre dernier (1780) des amis communs me firent rencontrer avec M. Bailli. Tout le monde ſait combien dans ſon Hiſtoire de l'Aſtronomie, & ſes recherches ſur les Atlantes, ce Savant a fait parler aux Sciences le langage du génie avec dignité, profondeur & amabilité. On croit entendre M. de Buffon parlant des Cieux comme il a parlé de la terre.

Je trouvai dans M. Bailli un homme honnête & aimable avec ſimplicité, & plus d'empreſſement pour écouter ce qu'il ne ſavoit pas, que pour faire valoir ce qu'il ſavoit. On ne m'avoit pas accoutumé à cette maniere. Au-lieu de parler de ſa conviction perſonnelle comme de la choſe la plus importante, au-lieu de faire dépendre de ſon aveu la conviction du monde entier, il parla modeſtement de ſes lumieres, de la crainte qu'il avoit de n'avoir pas bien ſaiſi le ſens ou le fil de mes idées, & de l'eſpérance de ſe mieux inſtruire, lorſque les circonſtances permettroient de chercher ſans indiſcrétion de plus amples lumieres. M. Bailli, qui le croiroit! M. Bailli n'exigea pas que je le convainquiſſe par des expériences que la Nature en pouvoit ſavoir plus que lui.

Ce n'eſt pas devant moi ſeul que M. Bailli s'eſt

expliqué avec sagesse sur ce qui me concerne. On parloit un jour de moi à l'Académie des Sciences sur un ton peu décent. M. Bailli crut pouvoir en prendre un plus convenable, en disant qu'il n'avoit suivi par lui-même aucune de mes opérations, mais qu'il croyoit être certain qu'une Dame connue avoit retrouvé, par mes traitements, la chaleur dont une de ses jambes étoit privée depuis long-temps au point d'user en plein été des plus grandes précautions pour les réchauffer. Ce fait ne prouvoit pas, suivant M. Bailli, que le MAGNÉTISME-ANIMAL fût un remede universel, mais il prouvoit l'existence d'une découverte quelconque à laquelle il étoit important de regarder.

Ce Savant a dans l'Académie des Sciences un Confrere en Astronomie, qui fait sans doute profession de ne pas croire aisément. M. Lalande s'éleva contre la prétention de M. Bailli assez vivement, pour que celui-ci crût devoir se restreindre au silence. Je ne prétends pas rabaisser les talents de M. Lalande, ni apprécier au juste l'opinion que l'on a dans le Public de son mérite; mais j'espere qu'il voudra bien   e bonnement avec nous que le ton des conversations académiques est nécessairement mauvais, s'il dispense d'égards envers un Confrere tel que M. Bailli. *

---

* M. Bailli parloit de Mad. C.***. Je n'ai point eu le bonheur de guérir cette Dame, non que je croie sa guérison impossible; mais

Ramenons le Lecteur aux temps qui ont fuivi ma rupture avec l'Académie des Sciences, & la Société Royale de Médecine de Paris.

Au mois de Septembre 1778 j'étois abandonné, fui, dénigré, honni par tout ce qui tient aux fciences. Les extrêmes fe touchent : cette époque eſt

---

parce que l'incommodité du logement que j'occupe, ne me permet pas d'employer des moyens fuffifants pour des maladies de cette efpece.

Pourquoi n'ai-je pas un logement plus commode ? Ce n'eſt pas ce dont il s'agit. J'ai déja dit ailleurs que fi je pouvois me déterminer à faire fans l'attache d'aucun Gouvernement un établiſſement propre à déployer toute ma doctrine, ce ne feroit pas en France. J'ai une patrie.

Mad. C*** eſt arrivée chez moi paralytique des parties inférieures du corps à la fuite d'un ancien dépôt laiteux. Sur cet expofé, je refufai d'abord de me charger d'elle ; mais je ne fus pas me défendre enfuite de follicitations preffantes.

Je rendis affez promptement la chaleur naturelle aux parties qui en étoient privées ; mais les fuites du traitement ne répondant pas aux commencements, je foupçonnai que l'on ne m'avoit pas tout dit. Je pris quelques informations, & m'affurai que Mad. C*** avoit reffenti dès la plus tendre enfance une grande foibleffe dans les parties devenues impotentes ; enforte que je travaillois fur un mal invétéré, enté lui-même fur un mal de naiffance, & quarante ans de vie.

Je reconnus alors que mes foins devoient opérer peu d'efficacité. Cependant je les continuai à Mad. C*** dans la certitude que je ne pouvois lui faire que du bien, & dans l'efpérance que le Gouvernement, venant à mon fecours, je pourrois lui être d'une grande utilité. La malade s'étant laffée d'attendre, & m'ayant quitté, je n'ai confervé aucune prétention à fa cure ni à fa reconnoiffance.

J'ai cité cet exemple pour prouver à ceux qui fe laiffent prévenir contre ma découverte par des cures manquées, combien il eſt difficile d'être affez parfaitement inſtruit pour hafarder fur de pareils faits un jugement décifif.

précifément celle de mes premieres relations avec M. d'Eflon.

J'ai dit que M. d'Eflon eft Membre de la Faculté de Médecine de Paris, & premier Médecin ordinaire de Mgr. le Comte d'Artois, frere du Roi; mais je n'ai pas dit combien M. d'Eflon eft un homme vraiment rare. Né fincere, c'eft avec toute la franchife d'une ame pure & d'un cœur droit qu'il aime la vérité, qu'il la confidere fans rougir, l'accueille avec candeur, la dit fans offenfe, la fuit avec conftance & fermeté, la publie fans chaleur & fans oftentation..... Je m'arrête : j'ai facrifié ma vie au bonheur de l'humanité, & n'ai pas encore acquis le droit de lui faire l'éloge de mon ami.

M. d'Eflon a rendu compte dans fes obfervations fur le MAGNÉTISME-ANIMAL, de l'occafion, du commencement & des fuites de notre liaifon; mais fidele au penchant de fon cœur, il a mis tout fon art à polir dans fes récits la vérité que je tranfmets brute dans les miens.

Il feroit inutile de s'appefantir fur les différences d'opinions qui ont pu exifter entre M. d'Eflon & moi. Je me fuis refufé à des propofitions qu'il trouvoit raifonnables; mais auffi j'ai fait bien des pas que tout autre que lui m'auroit inutilement demandés.

C'eft ainfi que je fuis encore en France, moi qui n'y voulois féjourner que peu de mois : c'eft ainfi que j'ai fait des expériences pour des Savants, moi

qui depuis mon aventure à l'Académie des Sciences, m'étois bien promis de ne plus me donner en
ſpectacle de cette maniere; c'eſt ainſi que j'ai entrepris des traitements de maladies pour la conviction
de gens qui ne veulent pas être convaincus, quoique mes relations avec l'Académie des Sciences &
la Société Royale m'euſſent fait connoître les dé-
ſagréments attachés à ce genre de complaiſance ;
enfin, c'eſt ainſi qu'après avoir renoncé à tout engagement trop formel avec des Compagnies ſavan-
tes, j'ai fait néanmoins de grands efforts pour me
lier par l'engagement le plus formel avec la Faculté de Médecine de Paris.

Il ſe paſſa quelques mois avant que M. d'Eſlon
& moi fuſſions parfaitement d'accord de nos faits.
Dans cet intervalle, il parloit ſouvent de ma découverte aux aſſemblées de la Faculté, ſe flattant
d'accoutumer ſes Confreres à entendre traiter ſérieuſement une queſtion que les clameurs de l'Académie des Sciences & de la Société Royale avoient
ridiculiſée. De mon côté, je préparois mon Mémoire ſur la découverte du Magnétisme-Animal.
Lorſqu'il fut prêt, je crus devoir autoriſer M. d'Eſlon par un titre quelconque à faire les démarches
qu'exigeoit le plan convenu entre nous. Voici la
lettre oſtenſible que je lui écrivis.

M. MESMER à M. D'ESLON.

Paris, le 30 Mars 1779.

Vous m'avez paru, Monsieur, d'après la lecture du Mémoire que je vous ai communiqué, desirer de savoir quelles étoient mes intentions subséquentes. Je vous les ai rendues; mais comme elles peuvent vous être échappées dans la rapidité d'une conversation abrégée, permettez-moi de les tracer ici avec plus de précision.

Je rendrai ce Mémoire public à Paris & dans tous les lieux où l'erreur & les préjugés ont été répandus sur ma doctrine & ma personne; mais avant d'y procéder, je desire en faire un hommage particulier à la Faculté de Paris par la médiation de plusieurs de ses Membres. Ces Messieurs reconnoîtront facilement, à la simple lecture du Mémoire, que mes principes n'ont rien de commun avec les spécifiques ordinaires & les productions de l'Empirisme; & si, comme je n'en doute pas, ils sont aussi pénétrés que vous m'avez paru l'être, Monsieur, du desir de voir le développement de ma théorie, & d'en être les propagateurs, j'attendrai qu'ils veuillent bien m'indiquer les moyens qui leur paroîtront les plus propres à remplir cet objet important, pour leur témoigner mon empressement à seconder leurs vues. Assurez-les d'avance, je vous prie, de mes dispositions à cet égard, & ne doutez pas des sentiments d'attachement avec lesquels j'ai l'honneur d'être, &c.

Lorsque ce mémoire parut, les Savants le déclarerent inintelligible.

S'il ne s'agissoit que de ma réputation d'Auteur, je céderois sans peine cette foible victoire à mes antagonistes : mais l'intérêt de ma découverte s'y oppose. Je dois soutenir mon livre parce que les principes vrais qu'il contient, quoique profonds &

même abſtraits, y ſont préſentés avec clarté & pré-
ciſion.

Mon livre eſt, j'en conviens, inintelligible pour
celui qui prétend deviner ce qui n'y eſt pas ; mais
je maintiens qu'il n'a rien d'obſcur pour celui qui
ſe contente de ce qui y eſt.

Cet écrit conſiſte en quatre-vingt-huit pages d'impreſſion, *petit in*-12. La narration des difficultés
que j'ai éprouvées en Allemagne, & dont j'ai donné
ci-deſſus l'extrait, occupe les trois quarts du livre.
Le quart reſtant eſt ſeul conſacré à l'expoſition de
ma doctrine.

Je croirois difficile de dire plus de choſe en moins
de mots & dans cette confiance, j'eſpere ne pas
abuſer de la patience de mes Lecteurs, en plaçant
une ſeconde fois mes principes ſous leurs yeux. Les
perſonnes qui connoiſſent ce morceau, pourront,
à leur choix, le paſſer ou en faire une ſeconde
lecture. Celles qui ne le connoiſſent pas, ſeront diſ-
penſées de recourir à l'original.

EXTRAIT du *Mémoire ſur la découverte du* MAGNÉTISME-ANIMAL.

L'HOMME eſt naturellement obſervateur. Dès ſa naiſſance,
ſa ſeule occupation eſt d'obſerver, pour apprendre à faire
uſage de ſes organes. L'œil, par exemple, lui ſeroit inutile, ſi
la nature ne le portoit d'abord à faire attention aux moindres
variations dont il eſt ſuſceptible. C'eſt par les effets alternatifs de la jouiſſance & de la privation, qu'il apprend à connoître l'exiſtence de la lumiere & ſes différentes gradations ;

mais il resteroit dans l'ignorance, de la distance, de la grandeur & de la forme des objets, si, en comparant & combinant
les impressions des autres organes, il n'apprenoit à les rectifier l'un
par l'autre. La plupart de ses sensations sont donc le résultat
de ses réflexions sur les impressions réunies dans ses organes.

C'est ainsi que l'homme passe ses premieres années à acquérir l'usage prompt & juste de ses sens : son penchant à observer, qu'il tient de la Nature, le met en état de se former lui-
même ; & la perfection de ses facultés dépend de son application plus ou moins constante.

Dans le nombre infini d'objets qui s'offrent successivement
à lui, son attention se porte essentiellement sur ceux qui
l'intéressent par des rapports plus particuliers.

Les observations des effets que la nature opere universellement & constamment sur chaque individu, ne sont pas l'appa-
nage exclusif des Philosophes ; l'intérêt universel fait presque
de tous les individus autant d'observateurs Ces observations
multipliées, de tous les temps & de tous les lieux, ne nous
laissent rien à desirer sur leur réalité.

L'activité de l'esprit humain, jointe à l'ambition de savoir
qui n'est jamais satisfaite, cherchant à perfectionner des connoissances précedemment acquises, abandonne l'observation,
& y supplée par des spéculations vagues & souvent frivoles ;
elle forme & accumule des systêmes qui n'ont que le mérite
de leur mystérieuse abstraction ; elle s'éloigne insensiblement
de la vérité, au point de la faire perdre de vue, & de lui
substituer l'ignorance & la superstition.

Les connoissances humaines, ainsi dénaturées, n'offrent plus
rien de la réalité qui les caractérisoit dans le principe.

La Philosophie a quelquefois fait des efforts pour se dégager des erreurs & des préjugés ; mais en renversant ces édifi-
ces avec trop de chaleur, elle en a recouvert les ruines avec
mépris, sans fixer son attention sur ce qu'ils renfermoient de
précieux.

Nous voyons chez les différens Peuples les mêmes opinions, confervées fous une forme fi peu avantageufe & fi peu honorable pour l'efprit humain, qu'il n'eft pas vraifemblable qu'elles fe foient établies fous cette forme.

L'impofture & l'égarement de la raifon, auroient en vain tenté de concilier les nations, pour leur faire généralement adopter des fyftèmes auffi évidemment abfurdes & ridicules que nous les voyons aujourd'hui ; la vérité feule & l'intérêt général ont pu donner à ces opinions leur univerfalité.

On pourroit donc avancer que parmi les opinions vulgaires de tous les temps, qui n'ont pas leur principe dans le cœur humain, il en eft peu qui, quelques ridicules & même quelques extravagantes qu'elles paroiffent, ne puiffent être confidérées comme le refte d'une vérité primitivement reconnue.

Telles font les réflexions que j'ai faites fur les connoiffances en général, & plus particuliérement fur le fort de la doctrine de l'influence des corps céleftes fur la planette que nous habitons. Les réflexions m'ont conduit à rechercher dans les débris de cette fcience avilie par l'ignorance ce qu'elle pouvoit avoir d'utile & de vrai.

D'après mes idées fur cette matiere, je donnai à Vienne en 1766 une differtation *de l'influence des planetes fur le corps humain.* J'avançois d'après les principes connus de l'attraction univerfelle, conftatée par les obfervations qui nous apprennent que les planetes s'affectent mutuellement dans leurs orbites, & que la Lune & le Soleil caufent & dirigent fur notre globe le flux & le reflux dans la mer, ainfi que dans l'atmofphere ; j'avançois, dis-je, que ces fpheres exercent auffi une action directe fur toutes les parties conftitutives des corps animés, particuliérement fur le *fyftême nerveux*, moyennant un fluide qui pénetre tout. Je déterminois cette action par L'INTENSION & la RÉMISSION des propriétés de la *matiere & des corps organifés*, telles que font la *gravité*, la *cohéfion*, l'*élafticité*, l'*irritabilité*, l'*électricité*.

Je foutenois que, de même que les effets alternatifs, à l'é-

gard de la gravité, produifent dans la mer le phénomene fenfible que nous appellons flux & reflux, L'INTENSION &
la RÉMISSION defdites propriétés, étant fujettes à l'action du même principe, occafionnent, dans les corps animés,
des effets alternatifs, analogues à ceux qu'éprouve la mer. Par
ces confidérations, j'établiffois que le corps animal, étant foumis à la même action, éprouvoit auffi une forte de *flux &*
reflux. J'appuyois cette théorie de différents exemples de re-
tours périodiques. Je nommois la propriété du corps animal,
qui le rend fufceptible de l'action des corps céleftes & de la
terre, MAGNÉTISME-ANIMAL; j'expliquois par ce Magnétifme, les révolutions périodiques que nous remarquons
dans le fexe, & généralement celles que les Médecins de tous
les temps & de tous les pays ont obfervées dans les maladies.

Mon objet alors n'étoit que de fixer l'attention des Médecins; mais loin d'avoir reuffi, je m'apperçus qu'on me taxoit
de fingularité, qu'on me traitoit d'homme à fyftéme, & qu'on
me faifoit un crime de ma propenfion à quitter la route ordinaire de la Médecine.

Je n'ai jamais diffimulé ma façon de penfer à cet égard, ne
pouvant en effet me perfuader que nous ayons fait dans l'art
de guérir les progrès dont nous nous fommes flattés; j'ai cru,
au contraire, que, plus nous avancions dans les connoiffances
du méchanifme & de l'économie du corps animal, plus nous
étions forcés de reconnoître notre infuffifance. La connoiffance que nous avons acquife aujourd'hui de la Nature & de
l'action des nerfs, toute imparfaite qu'elle eft, ne nous laiffe
aucun doute à cet égard. Nous favons qu'ils font les principaux agens des fenfations & du mouvement fans favoir les
rétablir dans l'ordre naturel, lorfqu'il eft altéré; c'eft un reproche que nous avons à nous faire. L'ignorance des fiecles
précédents fur ce point en a garanti les Médecins. La confiance fuperftitieufe qu'ils avoient & qu'ils infpiroient dans leurs
fpécifiques & leurs formules, les rendoient defpotes & pré-
fomptueux.

Je respecte trop la NATURE pour pouvoir me persuader
que la conservation individuelle de l'homme ait été réservée
au hasard des découvertes, & aux observations vagues qui
ont eu lieu dans la succession de plusieurs siecles, pour de-
venir le domaine de quelques particuliers.

La Nature a parfaitement pourvu à tout pour l'existence de
l'individu ; la génération se fait sans système comme sans artifice. Comment la conservation seroit-elle privée du même
avantage ? celle des bêtes est une preuve du contraire.

Une aiguille non aimantée, mise en mouvement, ne re-
prendra que par hasard une direction déterminée ; tandis qu'au
contraire, celle qui est aimantée, ayant reçu la même impulsion, après différentes oscillations proportionnées à l'impulsion
& au Magnétisme qu'elle a reçu, retrouvera sa premiere po-
sition & s'y fixera. C'est ainsi que l'harmonie des corps or-
ganisés, une fois troublée, doit éprouver les incertitudes de
ma premiere supposition, si elle n'est rappellée & déterminée
par L'AGENT GÉNÉRAL dont je reconnois l'existence. Lui
seul peut rétablir cette harmonie dans l'état naturel.

Aussi a-t-on vu de tous les temps les maladies s'aggraver &
se guérir avec & sans le secours de la Médecine, d'après différents systèmes & les méthodes les plus opposées. Ces considérations ne m'ont pas permis de douter qu'il n'existe dans la
Nature un principe universellement agissant, & qui, indépen-
damment de nous, opere ce que nous attribuons vaguement à
l'art & à la Nature.

Ces réflexions m'ont insensiblement écarté du chemin frayé.
J'ai soumis mes idées à l'expérience pendant douze ans, que
j'ai consacrés aux observations les plus exactes sur tous les
genres de maladies ; & j'ai eu la satisfaction de voir les maximes que j'avois pressenties, se vérifier constamment.

Ce fut sur-tout pendant les années 1773 & 1774, que j'entrepris chez moi le traitement d'une Demoiselle âgée de 29 ans,
nommée Œsterline, attaquée, depuis plusieurs années, d'une

ma-

ladie convulfive, dont les fymptômes les plus fâcheux étoient
que le fang fe portoit avec impétuofité vers la tête, & exci-
toit dans cette partie les plus cruelles douleurs de dents & d'o-
reilles, lefquelles étoient fuivies de délire, fureur, vomiffement & fyncope. C'étoit pour moi l'occafion la plus favorable d'obferver avec exactitude ce genre de *flux & reflux*
que le MAGNÉTISME-ANIMAL fait éprouver au corps humain. La malade avoit fouvent des crifes falutaires, & un
foulagement remarquable en étoit la fuite; mais ce n'étoit
qu'une jouiffance momentanée & toujours imparfaite.

Le defir de pénétrer la caufe de cette imperfection, &
mes obfervations interrompues, m'amenerent fucceffivement
au point de reconnoître l'opération de la Nature, & de la pénétrer affez pour prévoir & annoncer, fans incertitude, les
différentes révolutions de la maladie. Encouragé par ce premier fuccès, je ne doutai plus de la poffibilité de la porter
à fa perfection, fi je parvenois à découvrir qu'il exiftât, entre
les corps qui compofent notre globe, une action également
réciproque & femblable à celle des corps céleftes, moyennant laquelle je pourrois imiter artificiellement les révolutions
périodiques du flux & reflux dont j'ai parlé.

J'avois fur l'aimant les connoiffances ordinaires: fon action
fur le fer, l'aptitude de nos humeurs à recevoir ce minéral &
les différents effais faits tant en France qu'en Allemagne & en
Angleterre, pour les maux d'eftomac & douleurs de dents,
m'étoient connus. Ces motifs, joints à l'analogie des propriétés de cette matiere avec le fyftème général, me la firent
confidérer comme la plus propre à ce genre d'épreuve. Pour
m'affurer du fuccès de cette expérience, je préparai la malade, dans l'intervalle des accès, par un ufage continué des
martiaux.

La malade ayant éprouvé, le 28 Juillet 1774, un renouvel-
lement de fes accès ordinaires, je lui fis l'application fur l'eftomac & aux deux jambes de trois pieces aimantées d'une

F

forme commode à l'application. Il en réfultoit, peu de temps après, des fenfations extraordinaires ; elle éprouvoit intérieurement des courants douloureux d'une matiere fubtile, qui, après différents efforts pour prendre leur direction, fe déterminerent vers la partie inférieure, & firent cefler, pendant fix heures, tous les fymptômes de l'accès. L'état de la malade m'ayant mis le lendemain dans le cas de renouveller la même épreuve, j'en obtins le même fuccès. Mon obfervation fur ces effets, combinés avec mes idées fur le fyftême général, m'éclaira d'un nouveau jour : en confirmant mes précédentes idées fur l'influence de l'AGENT GÉNÉRAL, elle m'apprit qu'un autre principe faifoit agir l'aimant incapable par lui-même de cette action fur les nerfs ; & me fit voir que je n'avois que quelques pas à faire pour arriver à la THÉORIE IMITATIVE qui faifoit l'objet de mes recherches.

Les préventions données au Public, & fes incertitudes fur la nature de mes moyens, me déterminerent à publier une *lettre le 5 Janvier* 1775, *à un Médecin étranger*, dans laquelle je donnois une idée précife de ma Théorie, des fuccès que j'avois obtenus jufqu'alors & de ceux que j'avois lieu d'efpérer. J'annonçois la nature & l'action du MAGNÉTISME-ANIMAL, & l'analogie de fes propriétés avec celles de l'*Aimant* & de l'*Electricité.* J'ajoutois ,, que tous les corps étoient, ainfi que ,, l'aimant, fufceptibles de la communication de ce principe ,, magnétique ; que ce fluide pénétroit tout ; qu'il pouvoit ,, être accumulé & concentré comme le fluide électrique ; ,, qu'il agiffoit dans l'éloignement ; que les corps animés étoient ,, divifés en deux claffes, dont l'une étoit fufceptible de ce ,, magnétifme, & l'autre d'une vertu oppofée qui en fup- ,, prime l'action. ,, Enfin, je rendois raifon des différentes fenfations, & j'appuyois ces affertions des expériences qui m'avoient mis en état de les avancer.

Mes effais fucceffifs pour le triomphe de la vérité ayant été inutiles, je fais aujourd'hui un nouvel effort en donnant à mes premieres affertions une publicité & une étendue qui leur ont manqué jufqu'ici.

PROPOSITIONS.

1°. Il exifte une influence mutuelle entre les corps céleftes, la terre & les corps animés.

2°. Un fluide univerfellement répandu & continué de maniere à ne fouffrir aucun vuide, dont la fubtilité ne permet aucune comparaifon, & qui, de fa nature, eft fufceptible de recevoir, propager & communiquer toutes les impreffions du mouvement, eft le moyen de cette influence.

3°. Cette action réciproque eft foumife à des loix méchaniques, inconnues jufqu'à préfent.

4°. Il réfulte de cette action, des effets alternatifs qui peuvent être confidérés comme un flux & reflux.

5°. Ce flux & reflux eft plus ou moins général, plus ou moins particulier, plus ou moins compofé, felon la nature des caufes qui le déterminent.

6°. C'eft par cette opération (la plus univerfelle de celles que la nature nous offre) que les relations d'activité s'exercent entre les corps céleftes, la terre & fes parties conftitutives.

7°. Les propriétés de la matiere & du corps organifé, dépendent de cette opération.

8°. Le corps animal éprouve les effets alternatifs de cet agent; & c'eft en s'infinuant dans la fubftance des nerfs, qu'il les affecte immédiatement.

9°. Il fe manifefte particuliérement dans le corps humain, des propriétés analogues à celles de l'aimant; on y diftingue des pôles également divers & oppofés, qui peuvent être communiqués, changés, détruits & renforcés; le phénomene même de l'inclinaifon y eft obfervé.

10°. La propriété du corps animal qui le rend fufceptible de l'influence des corps céleftes & de l'action réciproque de ceux qui l'environnent, manifeftée par fon analogie avec l'aimant, m'a déterminé à la nommer MAGNÉTISME-ANIMAL.

11°. L'action & la vertu du MAGNÉTISME-ANIMAL, ainsi caractérisées, peuvent être communiquées à d'autres corps animés & inanimés. Les uns & les autres en sont cependant plus ou moins susceptibles.

12°. Cette action & cette vertu peuvent être renforcées & propagées par ces mêmes corps.

13°. On observe à l'expérience l'écoulement d'une matiere dont la subtilité pénetre tous les corps sans perdre notablement de son activité.

14°. Son action a lieu à une distance éloignée, sans le secours d'aucun corps intermédiaire.

15°. Elle est augmentée & réfléchie par les glaces comme la lumiere.

16°. Elle est communiquée, propagée, & augmentée par le son.

17°. Cette vertu magnétique peut être accumulée, concentrée & transportée.

18°. J'ai dit que les corps animés n'en étoient pas également susceptibles : il en est même, quoique très-rares, qui ont une propriété si opposée, que leur seule présence détruit tous les effets de ce Magnétisme dans les autres corps.

19°. Cette vertu opposée pénetre aussi tous les corps ; elle peut être également communiquée, propagée, accumulée, concentrée & transportée, réfléchie par les glaces, & propagée par le son ; ce qui constitue, non-seulement une privation, mais une vertu opposée positive.

20°. L'aimant, soit naturel, soit artificiel, est, ainsi que les autres corps, susceptible du MAGNÉTISME ANIMAL, & même de la vertu opposée, sans que, ni dans l'un ni dans l'autre cas, son action sur le fer & l'aiguille souffre aucune altération : ce qui prouve que le principe du Magnétisme differe essentiellement de celui du minéral.

21°. Ce système fournira de nouveaux éclaircissements sur la nature du feu & de la lumiere, ainsi que dans la théorie

de l'attraction, du flux & reflux, de l'aimant & de l'électricité.

22°. Il fera connoître que l'aimant & l'électricité artificiel-
le, n'ont à l'égard des maladies, que des propriétés communes avec plusieurs autres agents que la nature nous offre; &
que s'il est résulté quelques effets utiles de l'administration de
ceux-là, ils sont dus au MAGNÉTISME-ANIMAL.

23°. On reconnoîtra par les faits, d'après les regles prati-
ques que j'établirai, que ce principe peut guérir immédiatement les maladies des nerfs, & médiatement les autres.

24°. Qu'avec son secours, le Médecin est éclairé sur l'usage
des médicaments; qu'il perfectionne leur action, & qu'il pro-
voque & dirige les crises salutaires, de maniere à s'en rendre
le maître.

25°. En communiquant ma méthode, je démontrerai par une
théorie nouvelle des maladies, l'utilité universelle du principe
que je leur oppose.

26°. Avec cette connoissance, le Médecin jugera sûrement
l'origine, la nature & les progrès des maladies, même des
plus compliquées; il en empéchera l'accroissement, & parviendra à leur guérison, sans jamais exposer le malade à des
effets dangereux ou des suites fâcheuses, quels que soient l'âge,
le tempérament & le sexe. Les femmes même dans l'état de
grossesse & lors des accouchements, jouiront du même avantage.

27°. Cette doctrine, enfin, mettra le Médecin en état de
bien juger du degré de santé de chaque individu, & de le
préserver des maladies auxquelles il pourroit être exposé. L'art
de guérir parviendra ainsi à sa derniere perfection.

Quoiqu'il ne soit aucune de ces assertions, sur laquelle mon
observation constante, depuis douze ans, m'ait laissé de l'incertitude, je conçois facilement, d'après les principes reçus
& les connoissances établies, que mon système doit paroître,
au premier aspect, tenir à l'illusion autant qu'à la vérité. Mais

F 3

Je prie les perfonnes éclairées d'éloigner les préjugés, & de fufpendre au moins leur jugement, jufqu'à ce que les circonf- tances me permettent de donner à mes principes, l'évidence dont ils font fufceptibles. La confidération des hommes qui gémiffent dans les fouffrances & le malheur, par la feule infuf- fifance des moyens connus, eft bien de nature à infpirer le defir, & même l'efpoir d'en reconnoître de plus utiles.

Les Médecins, comme dépofitaires de la confiance publique fur ce qui touche de plus près la confervation & le bonheur des hommes, font feuls capables, par les connoiffances effen- tielles à leur état, de bien juger de l'importance de la décou- verte que je viens d'annoncer, & d'en préfenter les fuites. Eux feuls, en un mot, font capables de la mettre en pratique. Si ce petit ouvrage offre bien des difficultés, il doit leur être fen- fible, qu'elles font de nature à n'être applanies par aucun rai- fonnement fans le concours de l'expérience. Elle feule diffi- pera les nuages, & placera dans fon jour cette importante vé- rité : QUE LA NATURE OFFRE UN MOYEN UNIVERSEL DE GUÉRIR ET DE P' ISERVER LES HOMMES.

Fin de l'Extrait du Mémoire fur la découverte du Magnétifme - Animal.

Tel eft le morceau que les Savants de Paris ont déclaré inintelligible. M. d'Eflon en avoit jugé dif- féremment, lorfqu'il invita douze de fes Confreres à dîner pour entendre la lecture de mon manufcrit. On fe rendit au jour convenu : la lecture fe fit avant le dîner : j'y joignis la propofition de faire dans un hôpital les expériences propres à prouver la par- tie de ma doctrine fufceptible de ce genre de preu- ves : je quittai ces Meffieurs, peu après le repas : moi parti, il fût délibéré que ma propofition de fe tranſporter dans les hôpitaux ſeroit acceptée ; mais il ne fut pas pris jour pour l'exécution.

Cette derniere circonſtance me donna quelques ſoupçons de ce qui devoit arriver. Inutilement M. d'Eſlon refuſa-t-il de les partager & multiplia-t-il les efforts pour me prouver leur injuſtice ; l'événement démontra qu'il eſt plus aiſé de raſſembler des Médecins de la Faculté de Médecine de Paris pour un dîner que pour une viſite d'hôpital. *

---

* Les douze Médecins invités, par M. d'Eſlon étoient MM. Majault, Borie, Bertrand, Grandclas, Malloët, Sallin, d'Arcet, Philip, Lepreux, Sollier de la Romillais, Bacher & de Villiers. MM. Sallin & d'Arcet ne ſe rendirent pas, & M. Borie n'ayant pu dîner avec nous, n'aſſiſta qu'à la lecture & point à la délibération.

Ma propoſition ne fut pas accueillie ſans difficulté. M, d'Eſlon fut ſeul de l'avis qu'il importoit de voir, juſqu'à ce que M. Grandclas, en ſe joignant à lui, fit prévaloir ce ſentiment, quoique M. Bacher (prononcez Baker) criât, à poulmons déployés, contre ma perſonne, ma découverte, mon livre & ma propoſition. Quel genre de prévention pouvoit animer M. Bacher ? Je le voyois pour la premiere fois.

A l'iſſue du dîner, ce Médecin m'avoit pris à l'écart pour me faire de grands complimens ſur la beauté de ma découverte, & me propoſer de la faire valoir enſemble. Il ne s'agiſſoit que de la lui confier, de prendre une maiſon, & d'y traiter des malades à fraix & profits communs. En remerciant M. Bacher de ſa bonne volonté pour moi, je tâchai de lui rendre ſenſible qu'il ſe trompoit s'il croyoit pouvoir mettre ma doctrine en uſage avec la même facilité qu'un ſpécifique quelconque. Il n'en eſt pas, lui diſois-je, du MAGNÉTISME-ANIMAL, comme d'une boîte de pillules. J'offenſois vivement ſans m'en douter ; j'ignorois alors que M. Bacher avoit débuté à Paris en Fabriquant-Marchand de pillules, & qu'il avoit vendu ſans remords au Gouvernement le ſecret de ſa compoſition pour mille écus de rente, quoiqu'il ne pût pas ſe diſſimuler dans le for de ſa conſcience que cette rente ſeroit l'unique profit que la Médecine retireroit de la publication de ſa recette.

Mon Livre étant imprimé, je crus convenable
d'en offrir un exemplaire à la Faculté; mais M. Dé-
ſeſſarts, Doyen en charge, à qui j'adreſſai de droit,
le Livre & la lettre relative, ne laiſſa pas échapper
l'heureuſe occaſion de commettre deux fautes à la
fois; l'une contre ſon devoir, en ne tranſmettant
pas mon hommage à ſa compagnie; l'autre contre
l'honnêteté la plus ordinaire, en ne daignant pas
me donner le moindre ſigne d'attention.

L'inutilité de mes premieres démarches fît penſer à M. d'Eſlon, qu'il étoit indiſpenſable de ſe reſ-
treindre & de ſe contenter de convaincre trois ou
quatre Médecins aſſez amis de la vérité pour la pro-
feſſer hautement, & faire pencher la balance de ſon
côté. Il ſe chargeoit de trouver ſes rares perſonna-
ges, ſi je voulois entreprendre des traitements ſuivis
pour leur conviction.

C'étoit me demander ce que je croyois impoſſible d'accorder. Le ſouvenir du paſſé me découra-
geoit entiérement. M. d'Eſlon prétendoit au contraire, que travailler au grand jour étoit le ſeul
moyen de détruire les ſourdes interprétations de
travaux trop peu connus.

Cette maniere d'enviſager l'objet ne manquoit
pas de ſolidité. J'étois mu d'ailleurs par la conſidération que ſi j'étois en méfiance des Médecins qui
ſe joindroient à M. d'Eſlon, je n'en pouvois avoir
aucune de lui. Je cédai.

MM. Bertrand, Malloët & Sollier de la Romillais, furent les Médecins amis de la vérité dont M. d'Eflon fit choix.

On leur préfenta un paralytique qui avoit perdu toute fenfibilité & toute chaleur dans les parties inférieures du corps. En huit jours de traitement, la chaleur & la fenfibilité revinrent, & n'ont pas été perdues depuis. — Chaleur & fenfibilité ne font pas guérifon, & peuvent être dues à la Nature feule, difoit M. Malloët, répétoient fes deux échos.

Un fecond paralytique de tout le côté droit, arrivé chez moi le 20 Janvier fur une *civiere*, ceffa de s'en fervir le 20 Mars fuivant, ayant fuffifamment recouvert l'ufage de fes Membres pour agir fans fecours. — Cet exemple qui fit dans le temps affez d'impreffion dans le Public, n'en fit aucune fur MM. Bertrand, Malloët & Sollier. Cependant les progrès de la main leur paroiffoient, dans les regles de l'art, plus étonnants que ceux du pied; mais voilà tout.

Une jeune Demoifelle étoit à-peu-près aveugle à la fuite de glandes au fein. Six femaines après fon entrée chez moi, elle y voyoit parfaitement. — On convenoit qu'elle y voyoit; mais il n'étoit pas auffi évident qu'elle n'y avoit pas vu. Perfonne ne s'étoit trouvé dans fes yeux pour affurer que cela n'étoit pas un jeu. Cette impertinence m'a été dite à moi parlant.

Un Militaire obftrué au point de ne plus penfer qu'à la mort, fuivant fon expreffion, ne penfa plus un mois après qu'à la vie. — A la vérité, l'on avoit vu un changement réel, & les évacuations paroiffoient étonnantes; mais il ne falloit, pour opérer de tels effets, qu'une révolution dont la Nature eft capable à elle feule.

Une jeune-fille deffséchée par les écrouëlles avoit déja perdu un œil; l'autre étoit attaqué d'une hernie, & couvert d'ulceres. Six femaines après, cette perfonne avoit repris chair, elle y voyoit parfaitement de fon œil éclairci, & les tumeurs fcrophuleufes étoient confidérablement diminuées. — Où gît la preuve que la Nature ait été aidée en tout ceci par le MAGNÉTISME-ANIMAL. Elle a tant de reffources à l'âge de cette jeune perfonne.

Je pourrois citer une foule de pareils traits; mais chaque exemple m'obligeroit d'appliquer à mes trois Ariftarques les célebres paroles du Pfalmifte. *Oculos babent & non videbunt.* *

---

* MM. Bertrand Malloët & Sollier ont cependant vu & même fait quelque chofe chez moi. Ils ont vu un flacon & bu de l'eau claire. Voici comment.

On nous mena une Dame qui avoit perdu le fentiment de l'odorat, & que j'ai guérie depuis, à la très-parfaite connoiffance de ces Meffieurs. Je demandai qu'on lui préfentât des vinaigres, fels, eau de luce, alcali volatil fluor, &c. &c. Elle fut immobile, & ne fentit rien. A mon tour, je tirai de ma poche un flacon, & le lui mis fous le nez. Auffi-tôt elle porta la main à fa narine pour en faire fortir une boule qui, difoit-elle, la gênoit. Il n'y avoit pas de boule : c'étoit un fentiment imparfait que je lui occafionnois. Cette fenfation fut fuivie d'une légere paralyfie qui s'étendit fur la joue & fe diffipa d'elle-même.

Ces fatigantes scenes se font répétées tous les quinze jours pendant sept mois consécutifs. Dans ce long intervalle, j'ai souvent été le témoin des inutiles peines que se donnoit M. d'Eslon, pour faire comprendre à ses Confreres qu'ils devoient à la vérité un hommage désintéressé.

Je n'étois pas content : je priai sérieusement M. d'Eslon de prendre des mesures pour que tout cela finît d'une ou d'autre maniere. De son côté, il me pressoit d'en agir avec ses Confreres non moins ouvertement qu'avec lui. Voici de quoi il s'agissoit.

L'entrée du sallon où font mes malades, est interdite à toute personne inutile. Je dois à eux & à moi de n'y souffrir ni pédant incommode, ni curieux indiscret, ni rieur incivil.

M. d'Eslon ne pouvoit être déplacé parmi nous, puisqu'il ne passoit pas de jour sans me donner des témoignages non équivoques de son obligeance, qu'il étoit le Médecin ordinaire de quelques-uns de mes malades, l'ami de plusieurs, l'introducteur auprès de moi d'un grand nombre, & qu'il n'avoit pas cessé de se comporter envers tous avec la familiarité honnête & graduée de la véritable civilité.

Il falloit voir l'attitude de MM. Bertrand, Malloët & Sollier. Leurs yeux fixés d'étonnement sur le magique flacon, exprimoient avec énergie combien ils auroient désiré en partager la propriété. Je leur donnai cette satisfaction en les engageant à goûter la liqueur qu'il contenoit. C'étoit de l'eau de fontaine dénuée hors de mes mains, de toute vertu particuliere.

Il n'en étoit pas de même de MM. Bertrand, Malloët & Sollier : on auroit dit volontiers qu'ils n'étoient pas fâchés de déplaire. Leur importante gravité étoit ridicule, & leurs ſoupçons injurieux, conſéquemment leurs queſtions choquantes & leurs regards gênants. En joignant à ces conſidérations ſommaires l'inutilité prévue de leurs examens, on conviendra que pluſieurs malades devoient trouver déſagréable de s'y prêter. *

Dans le fond, il m'étoit aſſez indifférent que ces

---

* M. le Comte de La-Touche-Treville, Lieutenant-Général des Armées Navales du Roi, & Commandeur de l'Ordre Militaire de St. Louis, m'ayant autoriſé pluſieurs fois à le citer quand je le croirois convenable, je profite de ſa permiſſion pour donner un exemple des complaiſances dont mes malades ont infructueuſement uſé pour la conviction de MM. Bertrand, Malloët & Sollier.

M. d'Eſlon a rendu compte de la maladie de cet Officier-Général dans ſes Obſervations ſur le MAGNÉTISME-ANIMAL, p. 83 & ſuivantes, ſous le titre de *Contre-coup à la tête*. On peut recourir à ſon livre pour les détails. Il ſuffit de rappeller ici que le coup étoit déja ancien, que les remedes uſités n'avoient produit aucun ſoulagement, que je procurai juſqu'à entiere guériſon l'écoulement par le nez du dépôt fixé derriere la tête, & que le malade ne s'eſt plus reſſenti de cet accident.

Lorſque MM. Bertrand, Malloët & Sollier arrivoient chez moi, M. de Treville avoit, ainſi que les autres malades, la complaiſance de quitter chaque fois ſon traitement pour rendre compte des effets ſuivis qu'il éprouvoit, & ſon mouchoir, rempli de pus & de ſang, venoit à l'appui de ſa déclaration.

M. de La-Touche-Treville convient hautement qu'il a été guéri par moi au vu & ſu de MM. Bertrand, Malloët & Sollier. Ceux-ci nient, taiſent, atténuent ou donnent le fait à ſuſpecter. De quel côté croyez-vous la loyauté, Lecteurs ? C'eſt à vous que s'adreſſe la queſtion.

Messieurs entrassent ou n'entrassent pas dans la salle de mes traitements ; mais il m'en coûtoit d'avoir cette déférence pour gens capables de marchander assez indignement la vérité, pour faire dépendre son aveu de mes sacrifices. Cependant M. d'Eslon mettant sa délicatesse à ce que ses Confreres ne se plaignissent pas de prétendues prédilections, je le laissai maître d'en agir à son gré, après l'avoir bien assuré toutefois que je ne croyois aucunement aux bons effets qu'il se promettoit de ma facilité.

Il en arriva ce que j'avois prévu. La prochaine espérance de voir le Magnétisme-Animal comme l'on voit une potion cordiale à travers les parois d'un verre blanc, enflamma MM. Bertrand, Malloët & Sollier pour l'intérêt de ma découverte ; mais ils redevinrent de glace lorsqu'ils n'apperçurent qu'une espece de bacquet, monté sur trois pieds, recouvert, & d'où sortoient quelques verges de fer recourbées de maniere à pouvoir en appliquer les extrémités, soit à la tête, soit à la poitrine, soit à l'estomac, soit au ventre ; ce qu'effectuoient au même instant des personnes assises autour du bacquet.

MM. Bertrand, Malloët & Sollier avoient reconnu trop récemment l'obligation d'un aveu clair & précis de la vérité pour ne pas sentir quelque embarras à ne pas se retracter. Ils chercherent des biais ; & arguant de ce qu'il se trouve des difficultés à décider en quel cas les guérisons sont dues à la Médecine, & en quel cas elles sont dues à la Nature, ils demanderent les expériences faites affez immédiatement, & avec affez peu de préparation pour que l'action du MAGNÉTISME-ANIMAL, ne pût être méconnue ou infirmée.

Des Savants, des Médecins faire naître une pareille difficulté après fept mois d'examen! La chofe étoit trop ridicule pour être choquante; je ne me fis pas preffer, mais nous convinmes en fouriant, M. d'Eflon & moi, que fi ces Meffieurs ne fe décidoient pas après cela, nous prendrions le parti de les congédier fans formalité.

En prenant jour pour les expériences, on détermina, d'un commun accord, que pour éviter toute idée de collufion, chaque Médecin meneroit des malades au nombre de trois; douze en tout.

MM. Bertrand, Malloët & Sollier furent exacts au rendez-vous; mais, fideles à leurs principes, ils fe garderent bien d'amener des malades. Nous fûmes réduits à ceux que M. d'Eflon procura, ainfi qu'il s'y étoit engagé. *

---

* MM. Bertrand, Malloët & Sollier en ont conftamment agi de même. Chaque fois que M. d'Eflon les preffoit de me donner des malades dont l'état leur fût antérieurement connu, ils avouoient que c'étoit un moyen non équivoque de s'affurer que les maladies n'étoient pas fuppofées; mais dans le fait, ils ne m'ont jamais donné directement aucun malade. De cette manière, ils fe font crus difpenfés de s'expliquer avec précifion fur les effets curatifs de ma méthode, & ils fe font confervé une reffource pour révoquer en doute dans le befoin les maladies les plus graves.

Je ne fais quel honneur ils efperent retirer de ces précautions

Outre les trois malades qui fervirent aux expériences, j'eus pour témoins de la fcene que je vais décrire plufieurs de mes malades ordinaires, M. Didier, fils, Chirurgien connu dans cette Capitale, M. Demanne, fon éleve, & M. le Chevalier de Cruffol, Capitaine des Gardes de Mgr. le Comte D'ARTOIS, frere du ROI.

Ire. EXPÉRIENCE — faite fur M. le Baron d'Andelau, Colonel-Commandant du Régiment de Naffau-Sarbruck. Il eft affez fréquemment tourmenté d'attaques d'afthme. — J'annonçai que je ne le toucherois pas, afin de prouver que le taĉt immédiat n'eft pas néceffaire à l'action du MAGNÉTISME-ANIMAL. De quatre ou cinq pas au loin Je dirigeai la verge de fer que je tenois en main vers fa poitrine, & lui ôtai la refpiration. Il feroit tombé en défaillance, fi je ne m'étois arrêté à fa priere. Au furplus, il affura fentir fi diftinĉtement les courants oppofés que j'opérois en lui, qu'il s'engagea à défigner les yeux fermés, chaque mouvement de mon fer. Cette derniere expérience eut lieu; mais on y fit peu d'attention.

2de. EXPÉRIENCE — faite fur M. Verdun, homme-d'affaires de Mad. de Petineau, demeurant à Pa-

_____

étudiées ; mais ils voudront bien agréer , je l'efpere , que j'accorde aux malades la capacité néceffaire pour décider s'ils fouffrent ou ne fouffrent pas, s'ils maigriffent, s'ils engraiffent, s'ils font guéris ou malades. Certes il ne faut pas être Doĉteur en la Faculté de Médecine de Paris pour en favoir jufques-là.

ris, rue de Richelieu, & sur le Palais Royal. Son
sort est assez déplorable. Il est sujet à des maladies
nerveuses, qui commencent par inflammation, & ne
se terminent qu'à l'aide d'évacuations tardives. Il sor-
toit d'une de ces maladies. — La direction de mon
fer lui occasionna tremblement, chaleur au visage,
suffocation, sueur & défaillance. Il tomba sur un
canapé.

3e. EXPÉRIENCE — faite sur Mlle. de Berlancourt
de Beauvais, âgée de vingt à vingt-deux ans, paralytique de la moitié du corps. Un de ses yeux avoit
perdu la faculté de voir; l'autre étoit très-doulou-
reux. Elle devenoit entiérement aveugle par accès.
Les articulations de la langue étoient si gênées que
les personnes accoutumées à son service pouvoient
seules deviner quelques-unes de ses intentions : elle
étoit muette pour le reste du monde, personne ne
l'entendoit. Cette situation étoit excessivement ag-
gravée par une douleur au front si terrible, que cette
malheureuse Demoiselle étoit quelquefois dix ou
douze jours entiers dans un état de malheur inexprimable. Souvent les accents plaintifs de sa voix
déchirante ont fait venir les larmes aux yeux de plusieurs de mes malades, témoins de ses souffrances. —
Je dirigeai mon fer vers son front. La douleur qu'elle
y ressentit fut prompte : je la laissai calmer. Dans
l'intervalle, j'offris de prouver que le foyer du mal
n'étoit pas dans la tête, mais bien dans les hypo-
condres. En conséquence, je dirigeai mon fer vers
l'hypo-

l'hypocondre droit : la douleur fut plus subite & plus vive que la premiere fois. Je laissai calmer encore la malade ; & augurant que le vrai principe du mal étoit dans la rate, j'annonçai qu'on alloit appercevoir la différence de mes effets. A peine eus-je dirigé mon fer vers ce viscere, que la D^lle. de Berlancourt chancela, & tomba, les membres palpitants, dans des douleurs excessives. Je la fis emporter tout de suite, ne jugeant pas à propos de pousser plus loin des expériences que déja plus d'un Lecteur accuse peut-être de barbarie. *

4e. EXPÉRIENCE — faite sur M. le Chevalier de Crussol, venu comme témoin ; mais sujet à des incommodités habituelles & souvent manifestées par des accès de maux de tête de douze & quinze jours. — M. le Chevalier de Crussol ayant saisi un des inter-

---

* Mlle. de Berlancourt m'avoit été amenée, sous les auspices de M. d'Eslon, par M. Didier fils, que j'ai dit avoir été présent à mes expériences. Depuis cette époque, Mlle. de Berlancourt a suivi mes traitements. Rien ne ressemble moins aujourd'hui à la personne malheureuse que j'ai dépeinte. Elle voit, parle & agit avec une vivacité qui va quelquefois jusqu'à nous alarmer, & qui même a pensé lui être funeste. Chérie de nous tous, je ne l'envisage plus que je ne sente le plaisir inexprimable d'avoir donné la vie (j'ose me servir de cette expression) à l'objet qui en est le plus digne. Si les circonstances me permettent d'achever sa cure, je me croirai des droits à la reconnoissance de la société, pour lui avoir rendu une personne qui possede les qualités du cœur & de l'esprit au degré le plus éminent. Puisse ce très-foible hommage me faire pardonner par les gens austeres la liberté que je prends d'appeller en témoignage public une Demoiselle que sa délicatesse devoit peut-être préserver de cet éclat.

G

valles entre les expériences précédentes, m'avoit prié de le toucher, & je lui avois occaſionné dans le côté une douleur accompagnée de chaleur ſi ſenſible qu'il avoit engagé la Compagnie à s'en aſſurer en y portant la main. Cette douleur ne lui étoit pas inconnue. Elle ſervoit aſſez fréquemment d'avant-coureur aux accès de mal de tête dont j'ai parlé. M. de Cruſſol, deſirant ſervir de ſujet à une derniere expérience, me laiſſa ignorer ces particularités, & me demanda ſi je ne pourrois pas eſſayer de lui faire reſſentir ſes douleurs habituelles ſans être prévenu de leur genre. Je me prêtai à en faire l'eſſai : il fut heureux; c'eſt-à-dire que M. de Cruſſol y gagna un violent mal de tête. Alors il réfléchit que je lui avois fait un fort mauvais préſent, & me pria de le reprendre, ſi la choſe étoit poſſible : elle l'étoit; & je trouvai juſte de lui ôter ſon mal avant de le laiſſer ſortir de chez moi.

Telles furent les expériences qui ne convainquirent pas MM. Bertrand, Malloët & Sollier. Je m'en conſolai en apprenant que M. d'Eſlon m'avoit tenu parole, & que ces Meſſieurs n'auroient plus accès chez moi. *

---

* A la ſuite de ces expériences, j'eus la pénible condeſcendance de traiter M. de Cruſſol chez lui. Son rang & ſes qualités perſonnelles l'ayant rendu très-agréable à la Cour, il y eſt aſſez connu pour que chacun puiſſe comparer à l'état ancien de ſa ſanté, celle dont il a joui depuis que je lui ai donné mes ſoins. Je ne fais mention de cette circonſtance que pour donner quelque ſatisfaction aux

Auffi tôt après que nous eûmes été débarraffés de MM. Bertrand, Malloët & Sollier, M. d'Eflon mit la main à fes Obfervations fur le MAGNÉTISME-ANIMAL. Je dirai peu de chofe de ce livre : ce n'eft pas à moi à le juger : c'eft aux amis de l'humanité à le lire.

Cet Ouvrage fervit de fignal aux critiques. Si je n'écrivois que pour Paris, ou même pour la France feule, j'aurois honte d'entretenir le Public de gens à qui il refufe talents & confidération ; mais écrivant indiftinctement pour tous les Pays, je ne veux pas que les Perfonnes étrangeres, à ce qui fe paffe dans Paris, puiffent imaginer que je leur cache des objections valables.

Il eft à préfumer que M. Dehorne étoit inftruit de la prochaine publication du Livre de M. d'Eflon, lorfqu'il fit paroître, peu de jours auparavant, une Brochure contre moi fous le titre de *Réponfe d'un Médecin de Paris * à un Médecin de Province, fur le prétendu MAGNÉTISME-ANIMAL de M. Mefmer :* cet opufcule eft merveilleux, à mon avis, puifqu'en feize pages *in-*12, il contient pour un *in-folio* d'abfurdités & de contradictions.

On m'y reproche finement d'avoir quitté Vienne

gens qui répetent fans ceffe que ma méthode ne peut opérer des cures, fans fe donner la moindre peine pour vérifier s'il en exifte, ou non, autour d'eux.

* Il ne faut pas conclure de ce mot que M. Dehorne foit Médecin de Paris. Il eft Médecin de je ne fais d'où.

en Autriche à raifon de dégoûts que j'avoue. Sûr
de fon fait, M. Dehorne ne craint pas fans doute
qu'on lui demande fi par hafard, il n'auroit pas
quitté Metz dans les trois Evêchés, à raifon de dégoûts qu'il n'avoue pas.

Suivant lui, mes malades font des gens crédules,
des imaginations exaltées, des vaporeux, des efprits
foibles, timides, & dignes de pitié. Il ne difpenfe
pas de moindres faveurs aux Partifans de ma méthode. Quant à moi, je fuis peu délicat, pour ne
rien dire de plus : j'ai le comble de l'affurance,
pour ne rien dire de plus : j'ai de l'adreffe : j'ai de
l'artifice : j'ai monté un théâtre : j'y fais mes exer-
cices : je m'exerce merveilleufement en ce genre
d'efcrime : je fuis un Thaumaturge : mon vol eft audacieux : je fuis un Prométhée : je fuis enfin l'O-
pérateur Mefmer.

Aux perfonnes qui affurent avoir fenti par mes
procédés des impreffions remarquables, M. Dehorne
oppofe habilement les perfonnes qui affurent n'avoir
rien fenti ; d'où il conclut que perfonne n'a fenti.

A fon avis, j'ai grand tort d'infinuer (je ne fais où)
que le principe par lequel j'opere des prodiges, ré-
fide en moi ; car s'il étoit poffible, dit M. Dehorne,
qu'il émanât continuellement de moi un principe
auffi dangereux, il eft de toute évidence que je
ferois déja détruit, évaporé, mort.

On ne fauroit trop le répéter ; c'eft toujours
M. Dehorne qui parle : tout mon art, toute ma

charlatanerie ne confiste peut-être qu'à profiter habilement des moyens que me préfente une imagination exaltée, affoiblie & trompée. D'où il réfulte, par une conféquence fenfible, que l'influence
des aftres n'a que faire à mon principe, & que j'en
emprunte la vertu de corps étrangers.

Cependant comme il feroit fâcheux que ma découverte ne fût qu'une chimere, M. Dehorne fe
charge de confoler le monde, en prédifant à l'univers la venue très-prochaine d'un grand homme,
M. Thouvenel. Grand Médecin, grand Chymifte,
ou plutôt grand Alchymifte, laborieux & inftruit.
M. Thouvenel va découvrir non-feulement un MA-
GNÉTISME-ANIMAL, mais encore un Magnétifme
végétal.

En voilà trop fur M. Dehorne : je ferai plus
court fur M. Paulet.

M. Paulet a plus de célébrité que M. Dehorne
en Médecine. On y fait par tradition qu'il eft Auteur d'un Livre fur la Petite-Vérole, & de plus, il
eft Gazetier. Il rend compte dans fa gazette de la
Lettre de M. Dehorne, & du Livre de M. d'Eflon.
Il blâme le premier de fa prétention à raifonner,
évite foigneufement ce reproche, fait des hiftoriet-
tes, cite des vers, rapporte des chanfons. C'eft là
ce que M. Paulet appelle être plaifant.

Cependant comme il ne fe diffimule pas que fa
gazette ne peut être lue que par des écoliers, il
en a extrait ce qui me concerne, l'a fait imprimer

G 3

à part, en a diftribué des exemplaires aux portes; & par ce moyen quelques honnêtes gens ont été forcés à le lire.

Si M. Paulet eft Gazetier, M. Bacher eft Journalifte. Il a rendu compte dans fon trifte Journal du Livre de M. d'Eflon & du mien. La marche qu'il a fuivie ne diffère de celle de M. Paulet, qu'en ce que M. Paulet grimace la plaifanterie, & M. Bacher la gravité. D'ailleurs ils fe font tous deux flattés de rendre nos expreffions ridicules en rapprochant ce qui doit être féparé, divifant ce qui fait enfemble, tronquant ce qui ne doit être lu qu'en entier, &c.

Il y a cependant trois pages utiles dans le Journal de M. Bacher. Ce font, je crois, les feules depuis fa fondation. Voici comment il y révèle lourdement le fecret de l'école.

Journal de Médecine, Octobre 1780, *p.* 294, 95, 96, 97. " M. d'Eflon avoue implicitement que
„ les trois Médecins qui ont été admis à voir les
„ malades de M. Mefmer chez lui, & qui nécef-
„ fairement les ont vus dans différents temps, dans
„ différentes circonftances, ne croient pas ce qu'il
„ croit. Cependant, il eft certain qu'ils ont vu
„ quelque chofe, & qu'après fix mois ils étoient
„ encore incrédules, non pas fur les mouvements
„ finguliers, bizarres & violents qu'exécutoient les
„ malades, ni fur les plaintes qu'ils faifoient d'é-
„ prouver des douleurs aiguës, & même infup-

„ portables, mais fur la caufe de ces mouve-
„ ments, de ces douleurs que M. Mefmer difoit
„ être l'effet de fon principe. Car après avoir vu
„ fubir une épreuve des plus fortes à *une jeune-*
„ *fille de Province*, l'un d'eux propofa à M. d'Ef-
„ lon de faire fervir *cette fille* à diffiper tous leurs
„ doutes.

„ Voici le moyen qu'il indiqua. Que M. Mef-
„ mer raffemble dans ce fallon, ou dans tel autre
„ qu'il voudra, vingt-quatre perfonnes, Médecins
„ & autres ; que *cette fille, fi fufceptible des im-*
„ *preffions du Magnétisme-Animal*, foit
„ placée dans un angle, ifolée de tout le monde,
„ qu'elle ait les yeux couverts d'un bandeau, en-
„ forte qu'elle ne puiffe voir qui que ce foit ; que
„ l'on obferve le plus rigoureux filence ; que tous
„ les affiftants foient diftingués par un ruban ou
„ autre fignalement de couleur différente pour cha-
„ cun : tous pafferont l'un après l'autre, & s'arrê-
„ teront devant *cette fille*, faifant ou ne faifant pas
„ les mêmes geftes, ou des geftes à-peu-près fem-
„ blables à ceux que nous avons vu faire à M. Mef-
„ mer. Cette proceffion fe répétera, toujours en
„ filence, dix-huit, vingt, ou vingt-quatre fois ; &
„ M. Mefmer paffera à fon tour, mais une fois par
„ exemple, le cinquieme, la feconde fois, le dou-
„ zieme, &c..... Ni lui ni les autres ne touche-
„ ront *la fille, puifque M. Mefmer ne l'a point*
„ *touchée pour opérer ce qui s'eft paffé fous nos*

G 4

„ *yeux.* * Un des affistants, placé dans un endroit
„ d'où il puiffe tout voir, tiendra un Régiftre exact
„ de tout ce qui arrivera fans rien dire, & défignant
„ feulement les perfonnes par leur couleur. Si à
„ chaque proceffion, la préfence de M. Mefmer
„ produit des fenfations marquées, des douleurs,
„ des mouvements, & que la préfence des autres
„ affiftants ne produife aucun effet, comme ce Mé-
„ decin eft le feul qui connoiffe le MAGNÉTISME-
„ ANIMAL, le feul qui fache le faire jouer, nous
„ conviendrons en effet qu'il poffede l'art d'agir
„ fur les corps animés fans les toucher, fans que
„ l'imagination des malades puiffe être fufpectée
„ comme la caufe de tous ces phénomenes; qu'en
„ un mot il fait imprimer un fluide quelconque,
„ connu ou inconnu, qui exifte dans tous les ani-
„ maux, une direction, un mouvement qu'il mo-
„ dere à fon gré.

„ Cette propofition parut déplaire, du moins
„ elle ne fut point acceptée; en conféquence, les
„ trois Docteurs *fe retirerent* & laifferent M. d'Ef-
„ lon feul fpectateur des opérations de M. Mef-
„ mer : ils n'y ont pas retourné depuis cet inftant.
„ *Nous les connoiffons tous trois,* & nous fommes
„ *garants,* que s'ils euffent été témoins de quel-

---

* J'efpere que le Lecteur voudra bien obferver l'aveu pofitif,
que non-feulement il s'eft paffé quelque chofe fous les yeux de
MM. Bertrand, Malloët & Sollier; mais même que ce que j'ai
opéré l'a été fans toucher *la fille.*

„ ques cures véritablement opérées par le M A-
„ GNÉTISME-ANIMAL, ils n'héſiteroient pas à
„ l'atteſter ; mais ils gardent le ſilence.

Eh ! Monſieur Bacher ! que vous ont fait MM. Bertrand, Malloët & Sollier ? Ils ſont à votre avis,
cruellement tombés dans l'opinion publique, puiſque vous les croyez capables d'accepter votre garantie ſans rougir. Votre garantie ! y ſongez-vous donc?
J'ai certainement à me plaindre de ces Meſſieurs ;
mais me préſerve à jamais le Ciel de les inſulter,
au point d'exiger pour eux la garantie de M. Bacher !

J'ajouterai quelque choſe au récit de M. Bacher,
mais je n'y retrancherai rien, je conviens ſans peine
que les faits rapportés ſont vrais, & je ne ſuis embarraſſé que d'accorder leur publicité avec le ſilence
religieux que l'on prête à MM. Bertrand, Malloët,
& Sollier, & qu'ils ont réellement affecté.

On doit être à préſent bien convaincu que
MM. Bertrand, Malloët & Sollier ont vu quelque
choſe chez moi ; qu'ils ont vu mes malades en différents temps & en différentes circonſtances ; que leur
incrédulité ne tomboit pas ſur les effets, mais ſur la
cauſe ; qu'*une jeune-fille de Province* a ſubi devant
eux une épreuve des plus fortes, & que l'un des
Médecins (M. Malloët) a propoſé de faire ſervir
cette jeune-fille à une expérience très-compliquée.
Je remercie M. Bacher ! Jamais je n'aurois pu arracher ces aveux directs de MM. Bertrand, Malloët
& Sollier.

La fille, la jeune-fille de Province, cette jeune-fille si susceptible des impressions du MAGNÉTISME-ANIMAL, n'est autre que la D^lle. de Berlancourt dont j'ai parlé. Je ne lui fais pas d'excuses ; il est sensible qu'en citant les expressions de la mauvaise compagnie, je suis très-loin de mes les approprier.

Les expériences faites sur Mlle. de Berlancourt & MM. d'Andelau, de Crussol & Verdun eurent lieu un Samedi. On remit à en délibérer au Mardi suivant. L'assemblée des quatre Médecins se tint chez M. Malloët, & celui-ci proposa la belle expérience dont le détail est ci-dessus. M. d'Eslon répondit :

1°. Qu'une telle demande ne pouvoit être fondée que sur les soupçons les plus injurieux pour lui, pour moi, pour M. Didier fils, pour les malades qui avoient bien voulu se prêter aux expériences ; soupçons déplacés à tous égards, & notamment en ce qu'il n'avoit tenu qu'à MM. Bertrand, Malloët & Sollier de mener chacun des malades dont ils se fussent assurés.

2°. Qu'en supposant dans Mlle. de Berlancourt la force nécessaire pour fournir au pitoyable rôle qu'on prétendroit lui faire jouer, il n'étoit nullement apparent, qu'elle ni toute autre personne délicate, voulussent s'y prêter.

3°. Qu'il seroit inutile & inconséquent de s'adresser à des malades moins délicats ou mercenaires, puisqu'ils seroient nécessairement suspects à

M. Malloët, lui qui ne voyoit que des ſaltinban-
ques dans MM. d'Andelau, de Cruſſol, &c.

4°. Enfin, M. d'Eſlon fit à M. Malloët une objection ſans replique " Non-ſeulement, lui diſoit-il,
„ votre expérience ne doit pas être propoſée, mais
„ vous ſavez qu'elle ne peut pas l'être. M. Meſmer
„ convient, vous ne l'ignorez pas, que l'exiſtence
„ du MAGNÉTISME-ANIMAL dans les corps
„ animés peut donner à pluſieurs individus la Fa-
„ culté momentanée d'opérer les mêmes effets que
„ lui, phénomene moins ſurprenant encore, dans
„ une circonſtance où il auroit établi la communi-
„ cabilité du principe. Il eſt donc de préſomption
„ non abſurde que parmi vingt-quatre Médecins,
„ faiſant à tour de rôle, de Compagnie avec M. Meſ-
„ mer, & à quatre cents quatre-vingt repriſes diffé-
„ rentes, des eſpiégleries ſous le nez d'une per-
„ ſonne à qui l'on auroit bandé les yeux, il s'en
„ trouveroit quelqu'un qui opéreroit des effets ſuf-
„ fiſants pour que M. Meſmer ne pût être reconnu
„ à coup ſûr; ce qui ſuffiroit pour faire manquer
„ l'expérience, ou, ce qui revient au même, pour
„ la rendre impropoſable & inadmiſſible. „

Il ſembloit que M. Malloët n'avoit rien à répondre à des arguments auſſi poſitifs. Cependant il ré-
ſiſta à ces aſſauts, en ſe ſauvant à ſa maniere par
des *ſi*, des *mais*, & des *car*. M. d'Eſlon demanda
qu'on allât aux voix : M. Bertrand ſe rengea de
ſon côté, proteſtant qu'il étoit ſatisfait. M. Sollier

au contraire fe tint du parti de M. Malloët, uniquement pour être de l'avis de M. Malloët; car il ne diffimuloit pas fa conviction.

Après avoir épuifé tous fes moyens, M. d'Eflon fe détermina à *remercier* ces Meffieurs de ma part. „ Ce font fans doute des remerciments dans toute „ la vérité de l'expreffion , dit M. Malloët affez „ étonné. Je ne m'en ferois pas chargé autrement, „ répondit, M. d'Eflon; & il fortit.„

Voilà la féparation que M. Bacher annonce dans fon journal, en difant que les trois Docteurs *fe retirerent.* Voilà la féparation que j'ai annoncée, en difant que les trois Docteurs feroient *congédiés* fans formalité.

Qui a pu dicter à MM. Bertrand, Malloët & Sollier leur incohérente , leur inconcevable conduite? Quel intérêt les conduifit chez moi uniquement pour y faire vœu du filence le plus offenfant pour moi & le plus nuifible à la vérité? S'ils ont vu les faits que je raconte, pourquoi ne pas en convenir? Si j'en impofe, par quelle crainte indigne n'ont-ils pas détrompé le public fur mon compte? Qu'on n'allegue pas que dans l'occafion ils me méprifent au chevet de leurs malades, auprès des Grands, dans leurs fociétés particulieres, aux affemblées de leur Faculté. Dans une affaire majeure telle que celle-ci , filence eft crime , fourde détraction eft infamie. D'ailleurs, dirai-je à ces Meffieurs, nous ne fommes pas feuls la vérité &

moi. Un de vos Confreres, qui vous vaut très-certainement à tous égards, s'eft joint à nous. Que repondez-vous aux interpellations de M. d'Eflon p. 29, 30, 31. de fes obfervations fur le MAGNÉTISME-ANIMAL? Les ménagements pour votre réputation vous auroient-ils fermé les yeux fur l'affurance avec laquelle il vous exempte de toute complaifance? Rappellez-vous que le 18 7bre. 1780, dans la déshonorante affemblée de votre Faculté, il vous a mis entre votre Compagnie & lui avec autant de dignité que de fermeté. L'avez-vous démenti formellement? L'avez-vous abandonné lâchement! Parlez : il n'y avoit pas de milieu. (*Voy. le difcours ci-après de M. d'Eflon à la Faculté de Médecine de Paris.*)

M. Bertrand étant mort, MM. Malloët & Sollier reftent pour me répondre & me démentir. Je les y convie, mais en les prévenant que je ne reconnoîtrai qu'eux pour adverfaires. Des champions tels que MM. de Horne, Paulet & Bacher ne peuvent ni les repréfenter ni m'émouvoir. Eux feuls peuvent m'engager à dire tout ce que j'ai tû par refpect pour les volontés du conciliant & pacifique M. d'Eflon. *

---

* J'ai parlé collectivement de MM. Bertrand, Malloët & Sollier. Je devois en agir ainfi, pour éviter les perfonnalités marquées. Il a cependant exifté des gradations dans la conduite de ces trois Meffieurs. Par exemple, M Bertrand s'eft déclaré plufieurs fois devant fes Confreres pour la vérité; mais il n'a pas eu la vigueur néceffaire pour blâmer de front leur conduite, en donnant une publicité conftante à fon opinion. Si M. Bertrand n'étoit pas mort, je fe-

RELATIONS

Avec la Faculté de Médecine de Paris.

MA discussion avec la Faculté de Médecine de Paris à eu cela d'agréable, qu'elle n'a duré qu'un jour, & que d'ailleurs tout s'est passé par écrit entre nous.

Je vais causer à mes Lecteurs le plus mortel ennui. S'ils veulent être au fait de ce qui s'est passé, il leur faut lire

1°. Mes propositions à la Faculté de Médecine de Paris. Je crois leur lecture plus instructive que récréative.

2°. Un long mémoire de M. Roussel de Vauzesmes, qui, dans l'assemblée de la Faculté du 18 7bre. 1780, a porté la parole contre M. d'Eslon & moi. Je le couperai par des réflexions explicatives, pour que la discussion en soit finie en même-temps que la lecture : mais ce commentaire ne peut qu'ajouter à l'ennui du texte : texte infiniment indigeste ; & l'on ne doit pas en être étonné : M. de Vauzesmes est un jeune Médecin de la derniere licence : c'est, dans

---

rois entré dans cette discussion, & je n'aurois pas craint laisser voir mon attachement pour lui au même moment que j'aurois hautement blâmé sa foiblesse. Mais il n'est plus là pour me démentir ou pour m'avouer. Je dois me taire.

toute la force du terme, un Ecolier dont l'éduca-
tion n'eſt pas finie, ſi même elle a jamais été ſérieuſement commencée.

3°. Le diſcours de M. d'Eſlon dans la même
aſſemblée, diſcours bien fait : prononcé pour amener la lecture de mes propoſitions, les faire agréer,
& préſenter avec rapidité l'hiſtoire du Magnétisme-Animal en France. Néanmoins je ne crois
pas que M. d'Eſlon ait eu la prétention de faire
quelque choſe d'amuſant.

4°. Le décret de la Faculté portant déciſion ſur
M. d'Eſlon & moi, en réſultat des pieces précédentes. Le morceau eſt court : il ne peut être fatigant.

Je ſentois l'utilité de mettre à profit la ſenſation
que le livre de M. d'Eſlon avoit fait ſur les eſprits,
& de rendre le public juge de ma conduite envers
la Faculté de Médecine de Paris, tandis que les
faits paſſés lui étoient encore familiers.

Je remis à M. d'Eſlon les propoſitions que je le
priois de faire à ſa Compagnie. Les voici :

Propoſitions de M. Mesmer à la Faculté de Méde-
cine de Paris.

La découverte du Magnétisme Animal a donné lieu à
l'impreſſion d'un Mémoire, dans lequel il eſt avancé que la
Nature offre un moyen univerſel de guérir & de préſerver les
hommes; qu'avec cette connoiſſance, le Médecin jugera ſû-
rement l'origine, la nature & les progrès des maladies, même
des plus compliquées; qu'il en empêchera l'accroiſſement, &

parviendra à leur guérison, sans jamais expofer le malade à des effets dangereux ou à des fuites fâcheufes, quel que foit l'âge, le tempérament & le fexe.

Ce fyftême, en oppofition à toutes les idées reçues, a paffé pour illufoire. L'Auteur de la découverte s'y attendoit; mais il n'a pas tardé à juftifier le raifonnement par le fait.

Il a entrepris aux yeux de tout Paris un nombre confidérable de traitements. Les foulagements procurés & les cures opérées par le MAGNÉTISME ANIMAL, ont invinciblement prouvé la vérité des affertions avancées.

Néanmoins il faut obferver que les expériences faites jufqu'à ce jour ont dépendu de tant de volontés diverfes, que la plupart n'ont pu être portées au point de perfection dont elles étoient fufceptibles; car fi quelques malades ont fuivi leurs traitements avec la conftance & l'affiduité néceffaires, il en eft un grand nombre qui les ont facrifiés à des convenances étrangeres.

Si l'Auteur ne vizoit qu'à la célébrité, il fuivroit conftamment la même marche; mais l'efpoir d'être plus généralement utile lui en prefcrit une autre.

Il a pour but de convaincre le gouvernement; mais le Gouvernement ne peut raifonnablement ftatuer en pareille matiere qu'à l'aide des Savants.

S'il eft en Europe un Corps, qui, fans préfomption, puiffe fe flatter d'une prépondérance non récufable dans l'objet dont il eft queftion, c'eft fans doute LA FACULTÉ DE MÉDECINE DE PARIS.

S'adreffer par fon entremife au Gouvernement eft donc la preuve la plus formelle de la fincérité de l'Auteur, & de l'honnêteté de fes vues.

En conféquence il propofe à la Faculté de prendre, d'un commun accord, & fous les aufpices formels du Gouvernement, les moyens les plus décififs de conftater l'utilité de fa découverte.

Rien

Rien ne paroîtroit mener plus directement à ce but, que l'essai comparatif de la méthode nouvelle avec les méthodes anciennes.

L'administration des remedes usités ne pouvant être en meilleures mains qu'en celles de la Faculté, il est évident que si la méthode nouvelle obtenoit l'avantage sur l'ancienne, les preuves en sa faveur seroient des plus positives.

Voici quelques-uns des arrangements qui pourroient être pris à cet égard. Il est inutile de dire que, de part & d'autre, on doit conserver la plus grande liberté d'opinions, & une autorité égale sur les malades soumis à chaque traitement.

1°. Solliciter l'intervention du Gouvernement; mais comme il est aisé de sentir que la demande d'un Corps tel que la Faculté doit avoir plus de poids que celle d'un particulier, il seroit à propos qu'avant tout, la Faculté se chargeât de cette négociation.

2°. Faire choix de vingt-quatre malades, dont douze seroient réservés par la Faculté pour être traités par les méthodes ordinaires; les douze autres seroient remis à l'Auteur, qui les traiteroit suivant sa méthode particuliere.

3°. L'Auteur exclut de ce choix toutes maladies vénériennes.

4°. Il seroit préalablement dressé procès-verbal de l'état de chaque malade; chaque procès-verbal seroit signé, tant par les Commissaires de la Faculté, que par l'Auteur & par les personnes préposées par le Gouvernement.

5°. Le choix des malades seroit fait par la Faculté, ou par la Faculté & l'Auteur réunis.

6°. Pour éviter toutes discussions ultérieures & toutes les exceptions que l'on pourroit faire d'après la différence d'âge, de tempéraments, de maladies, de leurs symptômes, &c. la répartition des malades se feroit par la voie du sort.

7°. La forme de chaque examen comparatif des maladies & leurs époques seroient fixées d'avance, afin que par les

H

fuites, il ne pût s'élever aucune difcuffion raifonnable fur les progrès obtenus par l'une ou l'autre des méthodes.

8°. La méthode de l'Auteur exigeant peu de frais, il ne demanderoit aucune récompenfe de fes foins, mais il parot-troit naturel que le Gouvernement prît fur lui les dépenfes relatives à l'entretien des vingt-quatre malades.

9°. Les perfonnes prépofées par le Gouvernement affifte-roient à chaque examen comparatif des malades, & en figne-roient les procès-verbaux; mais il eft effentie^{comme} d'éviter de la part du Public toutes inculpations d'intelligence ou de con-nivence, il feroit indifpenfable que les Prépofés du Gouver-nement ne fuffent pris dans aucun Corps de Médecine.

L'Auteur fe flatte que la Faculté de Médecine de Paris ne verra dans les propofitions ci-deffus, qu'un jufte hommage rendu à fes lumieres, & l'ambition de faire profpérer, par les foins d'un Corps cher à la Nation, la vérité qui peut lui être la plus avantageufe.

Suivant les ftatuts & réglements de la Faculté de Médecine de Paris, M. d'Eflon ne pouvoit préfen-ter ces propofitions à fa Compagnie que dans une affemblée générale convoquée à cet effet. Au Doyen en charge appartient le droit de convocation.

M. Le Vacher de La Feutrie étoit alors Doyen. Il a la réputation de pofféder au plus haut degré toutes les qualités de l'honnête homme. Malheu-reufement, elles ne fuffifent pas dans un Doyen de Faculté. M. Le Vacher n'a pas tardé à fentir cette vérité. Convaincu qu'il lui manquoit la fermeté né-ceffaire à la tête d'une Compagnie indifciplinée, il a pris le fage parti de fe démettre volontairement de ſa charge à la ſuite des diſcuſſions dont je fais le récit, & de quelques tracaſſeries peu faites pour lui.

Il avoit de l'amitié pour M. d'Eſlon. La demande d'une aſſemblée de la Faculté l'alarma vivement pour ſon ami. Il ne concevoit pas que l'on ſe compromît pour un inconnu tel que moi, & pour une découverte imaginaire telle que la mienne. Il eſt aiſé de preſſentir quels durent être à ces égards les conſeils d'un cœur droit voyant à gauche.

M. d'Eſlon répondoit à cela qu'il étoit déja tout compromis ; qu'il croyoit l'être pour une bonne cauſe ; qu'à tout événement, les conſeils venoient trop tard pour être utiles ; & qu'enfin il ne demandoit pas des avis, mais une aſſemblée de la Faculté.

Il fallut ſe fâcher. Après des délais multipliés, l'aſſemblée fut accordée, mais avec des conditions ſujettes à des conſéquences très-oppoſées ſans doute aux vues conciliatrices de M. Le Vacher de La Feutrie. Il ne ſentit pas que lorſqu'on lui conſeilloit de ne donner à M. d'Eſlon & à ſon Dénonciateur qu'une même aſſemblée, on lui faiſoit rapprocher de trop près des objets de diſcorde & allumer un feu qu'il ne ſeroit pas maître d'éteindre ou de diriger à ſon gré. *

---

* M. Le Vacher de La Feutrie, ſe méfiant de ſes propres forces dans des circonſtances que les diſcuſſions avec la Société Royale rendoient épineuſes pour un Doyen, avoit pris le parti de n'agir que

Dans cet intervalle, se passa un fait que je rapporte par deux raisons ; la premiere, parce que M. d'Eslon y fait allusion dans son discours à la Faculté, & que ce passage seroit inintelligible, s'il n'étoit expliqué d'avance : la seconde, parce qu'il établit sur des preuves le degré de considération dont jouissoit M. d'Eslon dans sa Compagnie avant qu'il eût formé des liaisons avec moi.

La Faculté ne s'est réveillée sur les conséquences de ces liaisons, qu'au bruit fait dans le monde par le Livre de M. d'Eslon. Jusqu'à ce moment, la conduite équivoque de MM. Bertrand, Malloët & Sollier l'avoit entretenue dans son engourdissement. A l'apparition du Livre de M. d'Eslon, on crut devoir songer au parti que l'on avoit à prendre : on tint des assemblées secretes : à la tête de ces conciliabules étoit ce qu'il y a de plus fameux dans la Faculté ; on prétendit être compromis. Cependant, ces Messieurs, trop prudents pour s'afficher en personne, crurent devoir mettre en avant quelque jeune homme, ardent, peu avisé, conséquemment moins délicat observateur des bienséances. M. Roussel de Vauzesmes parut propre à ce rôle : il fut recherché, caressé, flatté, consulté, admis aux assemblés : quelle gloire ! il y fut sensible : bientôt il jetta feu & flammes contre M. d'Eslon ; & dans une des assemblées

---

d'après les conseils de quelques Membres. Je suis fâché de pouvoir citer M. Malloët dans leur nombre.

ordinaires de la Faculté, il en ſollicita une générale
pour y dénoncer M. d'Eſlon, ſa conduite & ſon
livre.

M. Le Vacher, à qui la parole s'adreſſoit de droit
en ſa qualité de Doyen, fut viſiblement ému. Il
n'étoit pas, diſoit-il, de l'avis de M. d'Eſlon,
mais il l'avoua ſans difficulté pour ſon ami, fit ſon
éloge, repréſenta que nul Membre de la Faculté
ne méritoit plus d'égards, qu'aucun n'avoit plus
de droits à la bienveillance de ſa Compagnie, puiſqu'aucun ne lui avoit donné des témoignages plus
fréquents d'attachement ; enfin, blâmant ſans détour
la démarche peu honorable de M. de Vauzeſmes, il
le pria de s'en déſiſter.

M. de Vauzeſmes ayant inſiſté, le Doyen fut réduit à le ſommer de rédiger ſa demande par écrit aux
termes des réglements. M. de Vauzeſmes ne ſe fit
pas prier, prit une plume, de l'encre, du papier ;
mais pendant qu'il écrivoit, la Faculté ſe ſépara ;
les membres défilerent, & M. de Vauzeſmes ſe trouva
ſeul, ou à-peu-près ſeul, avec le Doyen, qui tâcha
de lui faire comprendre que ſon déchaînement, contre un homme aimé & eſtimé, devoit déplaire &
déplaiſoit effectivement.

J'ai de la ſatisfaction à rapporter cette anecdote.
Elle a un caractere de nobleſſe que j'aime, & qui
me perſuade que ſi la Faculté n'avoit pas été en-
traînée par quelques eſprits fougueux, elle auroit
mis dans ſa conduite la dignité qu'on devoit atten-

dre d'elle. Je ne doute même pas que fi MM. Bertrand, Malloët & Sollier avoient fait ce qu'ils devoient, cette Compagnie n'eût fini par fe rendre
aux vues conciliantes de M. d'Eflon, & par fervir
d'organe & de protecteur à la vérité que je defirois
faire apprécier par elle.

M. de Vauzefmes fut fans doute déconcerté,
mais on le rafïura. Il fe déchaîna de nouveau, fe
plaignit, cria à l'injuftice, &c. D'un autre côté,
M. d'Eflon, perfiftant avec la derniere fermeté dans
la réfolution de porter devant fa Compagnie la caufe
de l'humanité, le Doyen crut ne pouvoir mieux
faire que de tout finir en un feul & même jour, &
en une feule & même affemblée. Je fuis perfuadé,
& on doit l'être avec moi, qu'en commettant cette
mal-adreffe incroyable, il avoit l'intention de plaire
à tous les partis : moyen efficace de ne plaire à aucun. L'affemblée fut indiquée, & eut effectivement
lieu au 18 Septembre 1780. M. Rouffel de Vauzefmes y parla le premier en ces termes :

MÉMOIRE de M. ROUSSEL DE VAUZESMES, lu par lui dans une affemblée générale de la Faculté de Médecine de Paris, le 18 7bre. 1780.

„ DE tous les temps, il a exifté des gens à fecret, poffef-
„ feurs de recettes miraculeufes pour la guérifon des mala-
„ dies; & le Public, ignorant en Médecine, a toujours été la
„ dupe des vaines promeffes de ces aventuriers. Ils n'établif-
„ fent nulle part une demeure fixe; car leurs manœuvres font

,, bientôt mifes au grand jour ; & ce même Public, honteux
,, d'avoir été groffiérement féduit, les traite enfuite avec l'in-
,, dignation qu'ils ont juftement encourue ; mais, par une foi-
,, bleffe attachée à l'humanité, qui ne ceffe de courir après
,, l'erreur, s'il vient encore à paroître fur la fcene un nouveau
,, charlatan, il attire bien vîte tous les regards de la multi-
,, tude. Ainfi, M. Mefmer, après avoir fait pendant affez long-
,, temps beaucoup de bruit à Vienne en Autriche, après avoir
,, été, comme c'eft la coutume, démafqué & ridiculifé, eft
,, venu établir fon théâtre dans cette Capitale, où, depuis près
,, de trois ans, il donne des repréfentations le plus tranquille-
,, ment du monde. Tous les Médecins, qui exercent ici no-
,, blement leur profeffion, fe contentoient de le méprifer ; &
,, certainement fon regne auroit été de courte durée, fi
,, M. d'Eflon, un de nos Confreres, ne s'étoit point donné
,, ouvertement comme fon Procureur, prôneur & fon fatelli-
,, te ; & le titre de Docteur-Régent de cette Faculté, dont
,, M. d'Eflon eft revêtu, n'a pas peu contribué à donner au
,, Jongleur Allemand une efpece de célébrité momentanée, à
,, laquelle il ne devoit pas s'attendre. Comme la caufe de
,, M. d'Eflon eft intimement liée à celle de M. Mefmer, vous
,, voudrez bien me permettre de vous expofer fuccinctement
,, ce qu'il eft néceffaire que vous fachiez fur le compte de ce
,, dernier.

Note de M. Mesmer. Dans l'intention
de ne plus revenir fur les injures & infultes
dont ce Mémoire eft rempli, je prie le Lecteur d'obferver 1°. qu'il a été lu, M. d'Eflon préfent. 2°. Que la Faculté de Médecine de Paris étant compofée de cent cinquante à cent foixante Membres, dont l'é-
tat exige la plus grande circulation dans les

Sociétés de tout genre, il eſt peu d'inſultes plus publiques pour M. d'Eſlon & moi. 3°. Que MM. Bertrand, Malloët & Sollier, préſents, ne ſe ſont pas élevés contre M. de Vauzeſmes. 4°. Que la Faculté, ioin de ſévir contre ce dernier, l'a écouté d'un air d'approbation, tandis que M. d'Eſlon a été *hué* en liſant le diſcours qui ſuivra celui de M. de Vauzeſmes.

Lorſque l'on aura fait toutes ces obſervations, je prie de les comparer aux clameurs qui s'éleveront de toutes parts contre la prétendue hardieſſe avec laquelle je parle contre quelques Savants, ou ſoi-diſant tels. Les bonnes gens! Quand ils m'ont baffoué de toutes les manieres, ils ſe croyoient à l'abri des repréſailles!

„ En 1766, M. Meſmer a été reçu Docteur de la Faculté
„ de Vienne. Voulant ſe tirer de l'obſcurité à laquelle le con-
„ damnoient de foibles talents en Médecine, (& c'eſt le te-
„ moignage de ſes Confreres,) il a d'abord commencé par
„ étonner le vulgaire en ſe ſervant de l'électricité, que même
„ il dirigeoit mal; enſuite il a employé des plaques d'aimant.
„ Un Chirurgien de Vienne, nommé Leroux, ſur ces extra-
„ vagances, s'eſt déclaré ſon champion, & de même que
„ M. d'Eſlon, il a écrit pour annoncer les merveilles de
„ M. Meſmer, qui d'abord ne détruiſoit que quelques mala-
„ dies, comme les affections vaporeuſes & épileptiques. Bien-
„ tôt, ſon empire s'eſt étendu. Selon le même Leroux, il étoit
„ parvenu à guérir la moitié des maux qui affligent l'humani-
„ té. Enfin, M. d'Eſlon, pour renchérir, a publié hardiment

„ qu'il guériffoit toutes les maladies, même celles qui font in-
„ curables.

Note de M. MESMER. Il eft vrai que
M. Leroux, Docteur en Médecine, & Chirurgien d'Etat des Armées Impériales &
Royales, a rendu compte au Public de plufieurs effets & de cures opérées par le MA-
GNÉTISME-ANIMAL. Nous nous fommes
défunis depuis, mais par des motifs étrangers au fonds de ma découverte, & dont
perfonne n'a droit de fe mêler.

„ En 1772 un Hydrofcope du Dauphiné a fait un inftant
„ la fenfation la plus vive. Un Médecin du Canton atteftoit
„ les miracles qu'il opéroit. M. De Lalande, que vous con-
„ noiffez tous, a découvert le preftige, & bientôt il n'en a
„ plus été queftion. De même un très-habile Aftronome de
„ Vienne, (M. Heuzer) a fuivi de près M. Mefmer, qui a
„ fait tous fes efforts pour le mettre dans fes intérêts; mais cet
„ honnête Savant a démafqué le charlatan, qui depuis a été
„ obligé d'abandonner fa Patrie, où décemment il ne pouvoit
„ plus refter. Son charlatanifme a d'abord été dévoilé par une
„ Lettre écrite à M. Hell, célebre Phyficien Allemand, dont
„ je vais vous donner l'extrait.

Note de M. MESMER. C'eft la feconde
fois que je trouve M. de Lalande fur mon
chemin. S'il a dévoilé l'Hydrofcope du Dauphiné auffi fubtilement que M. Heuzer a
dévoilé le charlatan Mefmer, je crains fort
qu'il n'ait fait de mauvaife profe. Je crois

devoir dire aux vrais Savants que la véritable hydroscopie n'est pas entiérement hors de nature. Il y a tant de choses à acquérir en Physique, qu'ils ne seront pas blessés d'être réduits au doute jusqu'à la communication de principes inconnus.

EXTRAIT d'une Lettre sur les cures de M. MESMER, écrite de Vienne en Autriche le 21 Décembre 1777 à M. HELL, Bailli de Hersinger & de Landzer, Membre des Sociétés économiques & d'émulation de Berne, de Bâle, &c.

„ J'ai oublié de vous satisfaire dans ma derniere lettre tou-
„ chant M. Mesmer. Je vous demande pardon; & pour ré-
„ parer ma faute, je vais vous dire ce que j'en sais.

„ La réputation qu'il s'est faite dans ce pays-ci, ne vaut
„ gueres mieux que celle du très-Révérend Curé Gassner, que
„ vous avez vu. Tandis que l'un prétend opérer des miracles
„ par une vertu surnaturelle, l'autre emploie un remede que la
„ Nature lui a mis sous la main, & dont il ne connoît pas
„ mieux les effets que la cause qui doit les produire. Parfai-
„ tement ignorant en Physique, (quoique cette science con-
„ vienne à son état plus qu'à un autre) il n'a pas la moindre
„ science de la théorie de l'aimant. Plein de confiance en ses
„ paroles, qui en imposent sur-tout aux malades, il parvient
„ souvent à cacher l'empirisme sous un langage éblouissant,
„ peut-être inintelligible. Ensuite, il va en tâtonnant, il varie
„ dans l'emploi de sa cure pour lui donner un air de vérité,
„ & si le hasard le seconde, ou que l'imagination du malade
„ lui attribue, comme M. Gassner, un succès qui n'existe pas,
„ il fait s'en targuer & en remplir les gazettes & les jour-
„ naux, & par-là acquérir une réputation qu'il ne mérite pas.

,, Voilà, mon cher ami, ce que les Membres de la Faculté
,, de Vienne penſent ſur le compte de M. Meſmer; & comme
,, ce ſont des gens d'honneur & de probité, je ne crois pas
,, que la paſſion les porte à diſcréditer un remede dont l'em-
,, ploi influeroit ſi fort ſur le bonheur de l'humanité. Au
,, reſte, ils avouent qu'un Médecin habile, & profond Phyſi-
,, cien, qui voudroit cultiver en homme ſage cette branche
,, de la Phyſique, conſidérer l'analogie que l'aimant peut
,, avoir avec le corps humain, tenter avec prudence quel-
,, ques expériences, enrichiroit ſon art des expériences que
,, M. Meſmer tentera inutilement. Car, pour y réuſſir, il
,, faudroit réunir toutes les qualités qui manquent à celni·ci;
,, c'eſt à-dire, des connoiſſances parfaites de la choſe, une
,, étude infatigable, longue & pénible, des maladies contre
,, leſquelles ce remede peut convenir, enfin les facultés & le
,, déſintéreſſement néceſſaires quand on veut travailler pour
,, le bonheur des hommes. Je ſuis d'autant plus porté à
,, croire ces Meſſieurs, qu'une cure de M. Meſmer, faite ſur
,, une Demoiſelle aveugle, que je connois de nom, a eu les
,, plus funeſtes effets. Dans les premiers jours, on a per-
,, ſuadé à la pauvre fille qu'elle voyoit : elle nommoit par-
,, faitement une couleur quand on lui en avoit dit tout-bas le
,, nom : tout le monde s'empreſſoit de la voir; & on la
,, quittoit perſuadé de ſa cécité comme auparavant. Perſonne
,, ne croyoit au faiſeur de miracles, que les parents & la
,, jeune Demoiſelle, qui n'oſoient être incrédules. Enfin,
,, après quelques jours, cette infortunée tomba dans des
,, convulſions horribles & des douleurs effroyables, que le
,, ſecours d'un autre Médecin appaiſa; mais on vient de
,, m'aſſurer qu'elle ſe trouve dans une ſituation pire que jamais.
,, Enfin, mon cher ami, les lectures que j'ai faites ſur l'analo-
,, gie du Magnétiſme & de l'électricité, me font conjecturer
,, qu'il en eſt des cures magnétiques comme de l'électricité
,, médicale. Pluſieurs Médecins, tant en France qu'en Suiſ-

„ se, en Italie & autres pays de l'Europe, se sont occupés
„ de cette derniere avec divers succès. Elle est tombée dès
„ que l'Empirisme s'en est mêlé, & qu'aucun Savant n'a eu
„ la patience de s'y livrer comme il convenoit. On la reprend
„ actuellement à Paris & à Geneve; & si l'on réussit à en
„ fixer le succès, nous pouvons à coup sûr, d'après le rap-
„ port parfait existant entre les deux fluides, espérer les mé-
„ mes succès du Magnétisme. Tirez de ceci, mon cher ami,
„ ce que vous croirez devoir marquer à la personne dont
„ la santé vous tient tant à cœur. A sa place, je ne m'expo-
„ serois pas à la dépense inutile d'un long voyage, & au
„ danger du hasard. La réputation de M. Mesmer fait beau-
„ coup de bruit au-dehors, mais à Vienne elle parle si bas
„ qu'on ne l'entend pas.

„ Cette lettre, Messieurs, se trouve toute entiere dans le
„ Journal Encyclopédique de l'année 1778, premiere quin-
„ zaine de Juin. Il s'en trouve aussi une autre concluante dans
„ un Journal intitulé: *la Nature considérée sous ses différents*
aspects, année 1780. N°. 4. Je vais la mettre sous vos yeux.

EXTRAIT d'une Lettre de M. de VOLTER, Docteur en Médecine, Conseiller-Aulique, Médecin de l'Electeur & Directeur de l'Académie Royale des Sciences de Baviere, à M. Higlemann, Docteur en Médecine.

„ Vous m'avez essentiellement obligé, Monsieur, en me
„ communiquant votre juste sentiment sur le MAGNÉTISME-
„ ANIMAL de M. Mesmer. C'est un homme bien hardi, à
„ l'exemple de tous les charlatans, de citer ces personnes de
„ Vienne & de Munich qu'il prétend avoir guéries; notam-
„ ment M. Osterwald, qui s'est cru à la vérité fortifié à la
„ suite de sa cure, mais qui, dans peu de temps, est devenu
„ plus malade que jamais, & dont la prostration de forces a

„ tellement augmenté tous les jours, qu'enfin il s'eſt éteint.
„ Quant aux cures faites à Vienne, elles ont eu ſi peu de
„ ſuccès, que cette pratique lui a été défendue, quoique
„ M. Stoërck, né en Suabe, ſoit ſon Compatriote. Le bon
„ homme Meſmer croit ennemis tous ceux qui ne ſont point
„ partiſans de ſon ſyſtéme chimérique. Je ſais & j'ai vu com-
„ bien ſon opération eſt en état d'ébranler le ſyſtéme ner-
„ veux, ordinairement au détriment, & jamais à l'avantage
„ des malades. C'eſt pour cela que je lui ai propoſé cent
„ ducats contre dix, s'il guériſſoit ici une ſeule perſonne va-
„ poreuſe & hypocondriaque; & de cette façon je me ſuis
„ défait de lui.

Note de M. MESMER. Que M. de Vauzeſmes trouve pâture pour lui dans les deux
lettres ci-deſſus, à la bonne heure. Mais
qu'une aſſemblée de Savants, une Faculté
de Médecine, écoute de ſens-froid, & d'un
air d'approbation, un pareil aſſemblage d'ab-
ſurdités contradiƈtoires, il faut, malgré ſoi,
lever les épaules.

J'ai dit dans un de mes écrits, en dé-
ſignant M. le Curé Gaſſner, qu'il opéroit
des effets réels, mais qu'il en ignoroit la
cauſe. Je le répete ici.

Quant à M. Oſterwald, je ne ſais comment il a uſé de la ſanté que je lui avois
rendue. Il s'eſt marié depuis : on m'a aſſuré qu'il étoit mort au ſortir de table,
ſoit d'indigeſtion, ſoit d'un coup de ſang. Je
ſuis fâché de ne l'avoir pas rendu immortel.

Au reste, tout Lecteur impartial doit reconnoître au style de M. de Volter, que ce
prétendu *parieur* n'est rien moins qu'impartial en ce qui me concerne.

„ Ce que ces Messieurs nous ont appris sur M. Mesmer
„ nous a été *pleinement confirmé* par tous ceux qui ont suivi
„ ses opérations en France; mais si on pouvoit en douter,
„ il n'y auroit qu'à lire les observations que M. d'Eslon n'a
„ pas craint de rendre publiques pour se convaincre de l'inu-
„ tilité, pour ne rien dire de plus, du MAGNÉTISME-
„ ANIMAL.

Note de M. MESMER. MM. d'Eslon,
Bertrand, Malloët & Sollier sont les seules
personnes avouées, qui aient suivi mes opérations en France. Sont-ce les trois derniers
que M. de Vauzesmes prétend désigner
dans les lignes que je viens de transcrire,
comme lui ayant *pleinement confirmé* ce
qui est avancé dans les lettres à M. Hell
& de Volter? S'il en est ainsi, je prie
MM. Malloët & Sollier de s'expliquer; &
l'on doit trouver très-extraordinaire qu'ils
ne l'aient pas fait dès le premier moment,
sinon pour appuyer M. de Vauzesmes, du
moins pour réfuter M. d'Eslon, qui les inter-
pella d'une maniere non douteuse, comme
on le verra tout-à-l'heure. Quant à moi je ne
cesserai d'invoquer leur silence en ma faveur.

,, Mais avant de vous entretenir de ce qui eſt particulier
,, à M. d'Eſlon, j'atteſte ici que ni l'intérêt, ni aucune autre
,, paſſion ne m'a pouſſé à le citer à votre tribunal. Je peux
,, même dire que je ne ſuis pas ſon ſeul accuſateur. Si je
,, n'avois pas élevé la voix, beaucoup d'autres de mes Con-
,, freres auroient rempli ce devoir, & même M. Pajon De-
,, moncets avoit déja demandé là-deſſus une aſſemblée à M. le
,, Doyen. J'atteſte encore, Meſſieurs, que ce n'eſt pas ſans
,, une extrême répugnance, que vous me voyez aujourd'hui
,, vous faire une eſpece de dénonciation. Il eſt toujours dé-
,, ſagréable d'avoir une mauvaiſe opinion d'un de ſes Confre-
,, res, & de la donner à ceux qui ne l'avoient point encore;
,, mais l'amour du bien public, l'honneur de ma Compagnie,
,, l'eſpérance de faire rentrer ce Confrere dans le ſentier dont
,, il s'étoit écarté; tous ces motifs puiſſants m'ont enhardi,
,, m'ont entraîné malgré moi, & je vais vous parler en ce
,, moment avec le plus de modération que je pourrai, quoi-
,, que la matiere ne ſoit gueres ſuſceptible d'être traitée ainſi.

,, En parcourant la premiere fois l'ouvrage intitulé, *Ob-*
,, *ſervations ſur le Magnétiſme-Animal par M. d'Eſlon, Doc-*
,, *teur-Régent de cette Faculté*, j'avoue que le ton affirmatif
,, de l'Auteur, le témoignage qu'il affecte de ſe rendre à lui-
,, même, de ſa bonne conſcience, de ſa probité, de ſon
,, honnêteté, (car ces mots honneur, honnêteté, vérité,
,, franchiſe ſe trouvent preſque à toutes les lignes) m'en
,, ont impoſé d'abord. Une ſeconde lecture & un examen
,, plus réfléchi m'ont deſſillé les yeux.

,, Je vais donc vous préſenter M. d'Eſlon, en premier
,, lieu, comme ſe comportant d'une maniere peu conforme
,, à la dignité de ſon état, comme favoriſant le charlata-
,, niſme.

,, Enſuite, comme inſultant toutes les Compagnies ſavan-
,, tes, & ſpécialement cette Faculté.

,, Enfin, comme abjurant la doctrine des écoles, comme

,, annonçant des principes contraires à la faine Médecine, &
,, nous donnant, pour appuyer & confirmer ces faux princi-
,, pes des obfervations de cures *impoffibles & invraifembla-*
,, *bles.* J'ajouterai à tous ces articles quelques remarques &
,, quelques réflexions.

Conduite de M. D'ESLON, Charlatanifme accueilli.

,, Mettons d'abord fa conduite en oppofition avec ce qu'il
,, écrit : c'eft ainfi qu'il s'exprime, p. 116. *Je conviens que*
,. *tout homme qui fe refpecte, évite, autant qu'il eft en lui,*
,, *de fe donner en fpectacle au Public, que la circonfpection*
,, *eft une des premieres vertus du Médecin, & qu'il eft très-*
,, *dangereux pour lui de donner des fufpicions fur la folidité*
,, *de fon jugement.* Cependant M. d'Eflon, qui ne veut point
,, faire parler de lui, a publié, par le Journal de Paris, qu'à
,, certaines heures il donnoit au TEMPLE des confultations
,, gratuites, maniere indirecte & indécente de donner fon
,, adreffe, & indigne d'un vrai Médecin.

Note de M. MESMER. Le raifonnement
de M. de Vauzefmes eft d'autant plus admirable, que M. d'Eflon ne loge pas au
TEMPLE. Ceux qui connoiffent Paris, favent que le TEMPLE n'eft pas voifin de
la rue Mont-Martre. Je n'ai pu refufer cette
note aux Lecteurs, quoique cela ne me regarde en rien. Ces bagatelles difent quelquefois mieux que les raifonnements les plus
graves.

,, J'ai dit qu'il favorifoit les Charlatans : j'en vais citer deux
,, exemples.

,, Tout le monde fait que M. d'Eflon appelle auprès de fes

,, malades,

„ malades, & confulte publiquement avec le charlatan Gon-
„ dran, qui vend des gouttes pour la goutte, quoique M. d'Ef-
„ lon ne connoiffe pas la vertu de ces gouttes.

„ Il accueille de même le charlatan Mefmer, & il y a en-
„ tr'eux la liaifon la plus intime : écoutons parler M. d'Ef-
„ lon, p. 26. *Je pris le parti de paffer par-deffus les confidé-*
„ *rations ordinaires, de vaincre quelques répugnances per-*
„ *fonnelles, & d'entrer dans les vues de M. Mefmer. Nous*
„ *allâmes enfemble heurter aux portes.* Je foumets totalement
„ ces dernieres paroles, auffi indécentes qu'elles font extraor-
„ dinaires, à vos réflexions.

Note de M. MESMER. A l'exclamation
de M. de Vauzefmes, ne diroit-on pas que
nous avons heurté aux portes pour demander l'aumône? c'eft aux portes des Savants
que nous avons heurté inutilement.

„ Leur Société s'étend jufqu'à la Province, où ils vont en-
„ femble, ou féparément, déterrer les malades. Ils ont été tout
„ récemment à Orléans pour amener ici une Dame vaporeufe
„ & très-riche. En Allemagne, le nommé Leroux parcouroit
„ auffi les Provinces avec M. Mefmer. On a diftribué à Or-
„ léans des affiches; c'eft-à-dire, des Obfervations & des Mé-
„ moires fur le MAGNÉTISME-ANIMAL; & on répand ici
„ ces deux ouvrages avec profufion, mais avec une adreffe
„ capable d'en impofer aux foibles; car c'eft M. d'Eflon qui
„ diftribue le Mémoire de M. Mefmer, & c'eft ce dernier
„ qui diftribue le Livre de M. d'Eflon.

Note de M. MESMER. Le charlatan
Gondran! le charlatan Mefmer! leur fociété!
déterrer des malades! une Dame vaporeufe!

I

une Dame très-riche! le nommé Leroux! des
affiches pour exprimer le Livre de M. d'Eſlon & le mien! que ce ton eſt mauvais!

Je ſuis parti de Paris pour Orléans avec
une Dame qui peut être *riche;* mais je
n'ai pas été l'y chercher. M. d'Eſlon n'eſt
pas ſorti de Paris. Je n'ai point diſtribué des
Mémoires à Orléans, &c. On ne peut être
plus éloigné que M. de Vauzeſmes de l'honnêteté & de la vérité.

Au reſte, M. d'Eſlon aſſure avoir entendu
M. de Vauzeſmes, prononçant ſon diſcours,
dire que je *vendois* les Livres de M. d'Eſlon, & que M. d'Eſlon *vendoit* les miens.
En effet, le mot *vendre* paroît plus que le
mot *diſtribuer* dans le goût de M. de Vauzeſmes, & dans celui de la Compagnie à qui
il adreſſoit la parole. Je ne dirai pas ſi nous
ſommes, M. d'Eſlon & moi, d'une adreſſe
capable d'en impoſer aux foibles; mais je
doute que nous faſſions jamais fortune au
commerce de Librairie.

„ Ce qu'il y a encore de plus ſingulier, & ce qui étonne
„ tout le monde, c'eſt que M. d'Eſlon, en préconiſant avec
„ enthouſiaſme le MAGNÉTISME-ANIMAL, en ignore abſo-
„ lument la nature, & qu'il oſe même l'avouer.

Compagnies ſavantes inſultées.

„ On peut dire à l'honneur de tous les Savants François, ſans
„ crainte d'être démenti, qu'ils ont reçu toujours les Savants

„ étrangers de la maniere la plus affable & la plus engageante.

„ Lorfque M. Mefmer eft arrivé à Paris, non-feulement il a
„ été accueilli & fêté des Médecins, mais encore ils ont été
„ au-devant de lui ; mais M. Mefmer, caignant fans doute
„ leurs regards éclairés, a bientôt cherché à les éloigner, &
„ il y eft parvenu. La maniere outrageante dont il a com-
„ mencé à parler de la Médecine & des Médecins, le voile
„ fous lequel il s'eft enveloppé, le bruit de la réputation qu'il
„ s'eft acquife en Allemagne, ont en effet bientôt fait changer
„ d'opinion à fon égard. Il s'eft adreffé, dit-on, à deux Com-
„ pagnies favantes ; mais il leur a fait des propofitions qui n'é-
„ toient ni honnêtes ni admiffibles. M. d'Eflon a pris delà oc-
„ cafion d'infulter ces Compagnies, & de dire, p. 20. *Je ne*
„ *fais s'il ne feroit pas plus aifé de faire couler les quatre*
„ *grands fleuves de France dans le même lit, que de raffem-*
„ *bler les Savants de Paris pour juger de bonne foi une quef-*
„ *tion hors de leurs principes.*

Note de M. Mesmer. M. d'Eflon a eu
tort. Je fuis perfuadé que s'il avoit à refaire
fon Livre, il fe garderoit bien de parler des
quatre grands fleuves de France. Il citeroit
à leur place le Volga, le Niger, le Gange,
& la riviere des Amazones.

A remarquer : que lorfque M. de Vauzefmes avance que je me fuis adreffé à deux
Compagnies favantes, il ajoute : *dit-on.*
Mais lorfqu'il dit que je leur ai fait des propofitions qui n'étoient ni honnêtes ni admiffibles, il n'y a plus de *dit-on.* Le fait
devient pofitif. Je me permets peu de ces
réflexions, parce que M. de Vauzefmes eft

fi abondant en contradictions faillantes, qu'il
eft impoffible de croire qu'elles échappent à
fes Lecteurs.

„ Il affirme enfuite, *p.* 135, que les Corps littéraires font
„ très-coupables, n'ayant point rempli le but de leur inftitu-
„ tion en ce qui concerne le M A G N É T I S M E-A N I M A L, &
„ que quand même M. Mefmer fe feroit refufé à des moyens
„ décents de conciliation, quand même il auroit manqué à
„ ces Corps, ils auroient dû encore le rechercher.

　　　　Note de M. Mesmer. En analyfant
M. d'Eflon ici & dans les pages fuivantes,
M. de Vauzefmes le défigure entiérement. Il
fait tour-à-tour le petit Paulet ou le petit
Bacher. Ceux qui voudront connoître le fens
original, voudront bien lire M. d'Eflon dans
fon Livre.

„ M. Cadet, Apothicaire de la rue St. Antoine, nouvel
„ écho de MM. Mefmer & d'Eflon dans le Journal de Pa-
„ ris, *N°.* 266, fait favoir que *M. Mefmer s'eft adreffé tour-*
„ *à-tour aux Compagnies, & qu'il les a invitées à fuivre fon*
„ *agent, qu'enfin il en a reçu l'accueil que de tous les temps*
„ *ont reçu les Auteurs de toute découverte.* M. d'Eflon répete
„ 　encore la même chofe, *p.* 141. Ces Meffieurs ne nomment
„ à deffein aucune de ces Compagnies favantes; mais dans
„ le monde, on ne manque pas d'y comprendre la Faculté,
„ parce qu'il paroît fpécialement qu'on l'a en vue dans cette
„ circonftance; & on infinue adroitement que la jaloufie feule
„ a fait rejetter les propofitions de M. Mefmer. M. d'Eflon
„ nous avertit, *qu'il faut fe hâter de rechercher M. Mefmer.*
„ *Qu'il faut lui faire un pont d'or, & que chaque jour mul-*

„ tiplie nos crimes de négligence envers l'humanité. Auſſi nous
„ a-t-il dit, *primâ menſis* que nous ne ſavions pas ce que nous
„ perdions, ſi M. Meſmer nous abandonnoit; que lui M. d'Eſ-
„ lon étoit chargé de faire de ſa part des avances à la Faculté,
„ à qui il vouloit bien dévoiler tous ſes ſecrets. Mais, dira-
„ t-on à M. d'Eſlon : Pourquoi votre homme n'a-t-il pas fait
„ part de ſa belle découverte à la Faculté de Vienne dont il
„ étoit jadis Membre ? Il me ſemble qu'il convient mieux d'en-
„ richir ſa patrie qu'une terre étrangere. Pourquoi dans les dif-
„ férentes Cours d'Allemagne, où il a été d'abord accueilli,
„ n'a-t-il pas fait ce même ſacrifice? Il crie qu'il eſt ici per-
„ ſécuté, & pour prix des perſécutions qu'il éprouve, il veut
„ nous accabler de bienfaits! On ſait qu'en arrivant ici, il a
„ demandé des Commiſſaires à la Société Royale, qui lui en
„ a nommé. Ces Commiſſaires ſe ſont préſentés, *dit-on;* mais
„ ils ont été éconduits, parce qu'ils ſe ſont trouvés préciſé-
„ ment avoir une vertu anti-Magnétique, & que M. d'Eſlon a
„ écrit, d'après M. Meſmer, qu'il ſe trouve en effet des corps
„ animés tellement oppoſés au Magnétiſme, que leur ſeule
„ préſence en détruit tous les effets. Ne pourroit-on pas delà
„ conclure que ſi la Faculté lui nommoit des Commiſſaires,
„ ils auroient auſſi la propriété ſi ſinguliere de détruire le Ma-
„ gnétiſme : ce qui eſt un moyen ſûr & adroit d'éluder d'a-
„ vance toute eſpece de vérification. *Malgré cet inconvénient,*
„ *on comprend néanmoins que M. Meſmer deſireroit que la*
„ *Faculté lui nommât des Commiſſaires, mais ce ne ſeroit*
„ *qu'un nouvel expédient pour gagner du temps, & faire par-*
„ *ler de lui d'une maniere plus marquée.*

Note de M. MESMER. Ces dernieres lignes, & les ſuivantes ne ſont pas en lettres
italiques, pour faire remarquer que M. de
Vauzeſmes les a prononcées, mais pour faire

obferver que la Faculté les a écoutées & ap-
prouvées.

„ *En effet, la Faculté eft trop attentive au bien public,*
„ *pour craindre que jamais elle fe prête à favorifer cette*
„ *demande.* A quoi ont abouti jufqu'à préfent tout ce qu'on
„ a fait pour vérifier les prétendues panacées de tous les
„ charlatans & les impofteurs? Les expériences malheureufes
„ faites fur tous les remedes annoncés comme fpécifiques,
„ ne prouvent-elles pas qu'au moins pendant le temps de
„ ces expériences, c'eft accréditer les charlatans qui fe difent
„ Auteurs de ces miférables compofitions? Ils répandent
„ alors que de favants Médecins ont expérimenté leurs re-
„ medes; mais, loin de dire que ces Médecins en ont re-
„ connu l'infuffifance, ils avancent hardiment tout le contrai-
„ re, & il eft impoffible de détromper le public fur le
„ champ.

„ D'ailleurs, la démarche que vient de faire M. d'Eflon,
„ n'eft point conféquente à ce qu'il écrit *p.* 145. où il fait
„ ainfi parler M. Mefmer : *Il feroit abfurde de vouloir me*
„ *donner des juges qui ne comprendroient rien à ce qu'ils*
„ *prétendroient juger. Ce font des éleves & non des juges*
„ *qu'il me faut.* Par cette phrafe, Meffieurs, vous voyez
„ qu'il exclut abfolument vos Commiffaires , ou qu'il a la
„ prétention audacieufe de vouloir en faire fes éleves.

Note de M. MESMER. Je ne vois pas où
eft l'audace de montrer aux gens ce qu'ils
ne favent pas. Si ma découverte préfente
une doctrine inconnue, rien de plus fimple
que de faire des éleves. Néanmoins, fi le
terme déplaît, qu'on en indique un autre :
je m'en fervirai avec plaifir.

„ Jamais non plus, M. Mefmer ne vous dévoilera fon fe-
„ cret, ni la raifon pour laquelle il le gardera *p.* 147. *C'eft*
„ *qu'autrement il arriveroit que le Magnétifme-Animal fe-*
„ *roit traité comme une mode. Chacun voudroit briller &*
„ *y trouver plus ou moins qu'il n'y a. On en abuferoit. Son*
„ *utilité deviendroit un problème dont la folution n'auroit*
„ *peut-être lieu qu'après des fiecles.* Vous voyez donc clai-
„ rement, Meffieurs, que M. Mefmer s'eft moqué de l'Aca-
„ démie des Sciences, de la Société Royale, & qu'il vou-
„ droit également vous en impofer, s'il étoit poffible, &
„ vous compromettre.

Note de M. MESMER. Lifez M. d'Eflon
dans l'original, vous verrez combien M. de
Vauzefmes déraifonne, à la Paulet, à la
Bacher, & à la de Horne.

„ Enfin, Meffieurs, vous ferez peut-être bien-aifes de
„ trouver ici une réflexion très-fenfee, analogue à tout ce
„ que je viens de vous annoncer, faite par les Auteurs du
„ Mercure de France 26 Août. *L'offre que fait M. Mefmer*
„ *d'initier quelques élus dans les fecrets de fon art, nous fem-*
„ *ble indigne d'un vrai Médecin. Tout myftere doit être à*
„ *jamais profcrit du fanctuaire des Sciences...... En fup-*
„ *pofant que M. Mefmer foit réellement poffeffeur d'une dé-*
„ *couverte importante, il faut avouer qu'il entend bien*
„ *mal fes intérêts. Comment peut-on s'entendre qualifier de*
„ *vifionnaire & d'impofteur, tandis qu'on pourroit obtenir les*
„ *titres d'homme de génie & de bienfaiteur de l'humanité ?*

Note de M. MESMER. Les titres d'homme
de génie & de bienfaiteur de l'humanité me
font immanquables; & je les attendrois avec
patience fi le refte alloit comme il doit.

L'approbation de M. de Vauzesmes ne
rendant pas meilleure la réflexion des Auteurs du Mercure, je prendrai la liberté de
leur observer qu'elle manque de solidité,
en ce qu'ils confondent mes intérêts avec
les intérêts de la chose. Si l'intérêt de la
chose exige qu'il y ait quelque temps du
mystere dans le *sanctuaire* des Sciences,
le mystere ne doit pas être proscrit du
sanctuaire des Sciences ; d'où il suit que
les Auteurs du Mercure pouvoient s'épargner la citation des mots *visionnaire* &
imposteur, qui viennent mal après celui de
sanctuaire : mots déplacés dans la bouche
de gens honnêtes, & sous la plume d'un
Ecclésiastique. C'est à M. l'Abbé Remy,
Auteur de la Réflexion, que s'adresse cette
derniere phrase.

Principes de M. MESMER, présentés & adoptés par
M. D'ESLON.

» OBSERVATIONS. Pag. 33. *De même qu'il n'y a qu'une*
» *nature, qu'une vie, qu'une santé, il n'y a qu'une ma-*
» *ladie, qu'un remede, qu'une guérison. Ce remede est le*
» *Magnétisme-Animal.* C'est ainsi que parlent les Sieurs Ail-
» laud & Molenier, qui, l'un avec sa poudre, l'autre avec
» sa tisane, guérissent tous les maux sans exception.

» *P.* 35. On lit ces paroles étranges. *Les Médecins ont*
» *donné à chacun des accidents d'une même maladie, un*
» *nom particulier, & les ont définis comme autant de ma-*
» *ladies. Les effets sont innombrables ; la cause est unique.*

„ Ce qui fuit eſt encore plus ſurprenant. *Ainſi que la*
„ *Médecine eſt une, le remede eſt un; & tous les remedes*
„ *uſités dans la Médecine ordinaire, n'ont jamais obtenu de*
„ *ſuccès avantageux, qu'en ce que par des combinaiſons*
„ *beureuſes, mais dues au haſard, ils ſervoient de conduc-*
„ *teurs au Magnétiſme-Animal.* Aſſurément on ne s'en fe-
„ roit pas douté; auſſi, M. d'Eſlon ajoute-t-il tout de ſuite
„ après : *cette concluſion ne plaira pas univerſellement.*

„ *P.* 36 & 37. On lit : *Le Magnétiſme guérit par les*
„ *criſes & en les accélérant; par exemple, ſi M. Meſmer en-*
„ *treprend la cure d'un fou, il ne le guérira qu'en occaſion-*
„ *nant des accès de folie : les vaporeux auront des accès de*
„ *vapeurs; les épileptiques, d'épilepſie. Une criſe opérée en*
„ *neuf jours, ſera obtenue en neuf heures par le Magné-*
„ *tiſme-Animal.* On a dit juſqu'à préſent avec les Peres de la
„ Médecine : *Medicus naturæ miniſter :* actuellement tout
„ eſt changé : il faudra dire avec M. d'Eſlon : *Medicus na-*
„ *turæ magiſter.*

„ *P.* 92. M. Meſmer eſt tout Magnétiſme; *car le Magné-*
„ *tiſme lui fort continuellement des mains, des pieds, des*
„ *yeux & par tous les pores.*

„ M. Meſmer, loin d'être affoibli par cet effluve continuel
„ de cette matiere magnétique, en devient encore plus fort
„ & vigoureux. Il dirige comme il veut ce fluide; & il a
„ acquis entre ſes mains la perfection néceſſaire pour la cure
„ de toutes les maladies.

„ Les principes que je viens de vous expoſer, & qui ſont
„ contenus dans le Livre de M. d'Eſlon, m'ont paru ſi ſingu-
„ liers & ſi invraiſemblables, que j'ai cru qu'il ſeroit ſuperflu
„ de vous le démontrer. Une ſimple expoſition en ce cas eſt
„ plus que ſuffiſante ; mais comme les obſervations qui y
„ ſont annexées & qui en dépendent ſeroient très-dangereu-
„ ſes, ſi on n'en prouvoit pas le faux, je me ſuis attaché
„ ſpécialement à cette partie, qui m'a paru de la plus grande

,, conféquence, & qui pourroit avoir en Médecine les fuites
,, les plus funeftes, fi le public pouvoit croire que vous les
,, approuvez, au moins par votre filence. Je vais fucceffive-
,, ment les parcourir & y répondre.

,, OBSERVATION 1re. Un enfant de dix ans a fucceffi-
,, vement mal à l'eftomac, mouvement fébrile, agacement de
,, nerfs, fievre miliaire, il tombe dans le marafme & dans
,, une léthargie qui fert ordinairement d'avant-coureur à la
,, mort & à l'agonie. On étoit au quarante cinquieme jour.
,, M. d'Eflon, défefpéré, appelle M. Mefmer qui touche les
,, mains, & elles fe couvrent d'une moiteur gluante : il touche la
,, langue, & il occafionne une chaleur intérieure & agréable.
,, M. d'Eflon preffe M. Mefmer *d'achever ce qu'il a fi bien*
,, *commencé.* M. Mefmer s'y refufe ; car il voit l'enfant mort.
,, M. d'Eflon infifte, perfécute & ne lâche point M. Mef-
,, mer qu'il n'ait fait un miracle. En effet, l'enfant qui avoit
,, l'œil éteint, la peau fale & terreufe, la parole expirante
,, fur les levres, au bout de cinq quarts-d'heures fe portoit
,, bien; car fur le champ il mangea du pain, une écreviffe &
,, but du vin de Champagne blanc.

,, Comment eft-il poffible qu'un enfant dans un état de
,, marafme & agonifant, quel que foit le moyen employé pour
,, le foulager, puiffe en cinq quarts-d'heures éprouver un
,, changement qui lui permette de manger du pain, une écre-
,, viffe, & boire du vin de Champagne? Ou l'expofé de la
,, maladie eft exceffivement exagéré, ou on a pris pour ago-
,, nie un affaiffement vaporeux, ou la guérifon qu'on ap-
,, pelle miraculeufe eft fauffe. Il eft au moins permis d'en
,, douter, puifque M. d'Eflon ne donne ni le nom ni la de-
,, meure du malade pour qu'on puiffe la vérifier. Cette cure
,, doit donc être inférée au rang de celles qui font impoffibles.

Note de M. MESMER. Après avoir obfervé une feconde fois qu'il faut lire dans

le livre de M. d'Eſlon ce qu'on cite de lui,
ſi l'on veut en connoître le véritable ſens,
je donnerai à M. de Vauzeſmes la ſatisfaction qu'il paroît deſirer. La cure qu'il vient
de citer eſt celle de M. Pellet, fils, à l'Ecole
Royale militaire. J'ajouterai quelques faits
de même nature, uniquement pour prouver
qu'en faiſant manger M. Pellet, j'ai fait une
choſe qui m'eſt très-ordinaire.

Une Dame paſſa trois jours chez moi ſans
boire ni manger, ſourde, aveugle, muette,
ſans connoiſſance & en état convulſif. Le
premier acte qu'elle fit, par mon ordon-
nance, en reprenant ſes ſens, fut de manger
une bonne ſoupe au riz.

Une Demoiſelle paſſa treize jours dans le
même état que la Dame dont je viens de
parler. Dans les neuf derniers jours, elle
n'avoit rien avalé. Au moment où elle revint de ce terrible état, il n'y avoit rien
de prêt. J'envoyai chercher deux œufs frais,
& les lui fis manger avec les mouillettes.
Avec les mouillettes, Meſſieurs, de la Faculté !

Un troiſieme malade m'a encore cruellement inquiété huit jours de ſuite; mais il
avoit des intervalles. J'en profitois toujours
pour le faire manger.

Je pourrois offrir à la critique de M. de

Vauzefmes plufieurs autres exemples de ce genre ; mais qu'il lui fuffife de favoir qu'en général mes malades, quel qu'ait été leur état une ou deux heures auparavant, me quittent le matin pour aller dîner, & le foir pour aller fouper.

Cette Médecine nutritive paroît une fable aux yeux de Médecins accoutumés à faire mourir leurs malades de faim, quand ils n'en peuvent pas venir à bout autrement. Cependant, ils devroient bien réfléchir que la nutrition eft un befoin urgent de la nature, tandis que la diete forcée n'eft qu'un fyftême hors de nature. Préjugés à part, le fens commun eft pour moi. J'aurois fort defiré y ramener la Faculté de Médecine de Paris ; mais l'examen des faits l'effraie, & le mot *éleves* lui paroît *audacieux*.

„ Observation *p. 66 & 67.* M. d'Eflon cite une cure
„ de jauniffe & de pâles couleurs, & il affure bien pofitive-
„ ment qu'à Paris on ne guérit pas ces maladies. Vous fa-
„ vez, Meffieurs, mieux que M. d'Eflon, qu'on guérit tous
„ les jours à Paris des jauniffes & des pâles couleurs. Il eft
„ fâcheux fans doute que ces maladies réfiftent aux remedes
„ de M. d'Eflon.

Note de M. Mesmer. M. d'Eflon n'a pas tout-à-fait dit cela. Si par malheur il s'étoit avancé jufques à ce point, je ne fais fi je ne me ferois pas jetté dans la mêlée ; mais puiſqu'il ne l'a pas dit, c'eſt une querelle de moins.

„ OBSERVATION *p.* 83 *&* 84. CONTRE-COUP À LA „ TÊTE. Je copie : M. Meſmer annonça à ce malade qu'il „ feroit remonter ſa douleur de tête de bas en haut, qu'il „ lui procureroit un écoulement par le nez, & qu'il feroit „ peler ſon front. Au bout d'un mois, par la vertu du Ma- „ gnétiſme, les prophéties meſmériennes s'accomplirent, & „ il n'y eut rien à deſirer, pas même le front à peler. — „ RÉFLEXION DE M. D'ESLON, *p.* 87 *&* 88. *M. Meſmer* „ *fait peu de cas de ces cures; il ſe trouve trop à ſon aiſe.* „ *Il lui faut, comme dit Moliere, des tempéraments bien* „ *délabrés, des maſſes de ſang bien viciées. Pour ſatisfaire* „ *ſon cœur & ſon génie, il lui faut des mourants à ſoulager,* „ *des proies à arracher au tombeau.*

„ Je crois en effet que M. d'Eſlon auroit beaucoup prêté „ aux plaiſanteries de Moliere. Il l'a ſenti lui-même; car il „ ſe préſente de bonne grace au ridicule qu'on peut lui appli- „ quer. Cette obſervation n'a pas beſoin d'une autre réponſe. „

Note de M. MESMER. Cette obſervation, qui *n'a pas beſoin de réponſe*, eſt le récit de la cure de M. le Comte de La Touche-Treville, que j'ai déja cité; mais je crois en avoir fait pour le moins aſſez en le mettant vis-à-vis de MM. Bertrand, Malloët & Sol-lier. Je ne vois pas de néceſſité à le con-fronter avec M. de Vauzeſmes. Au ſurplus, ſi l'on veut avoir quelque idée de cette cure, il faut toujours recourir au Livre de M. d'Eſ-lon; car lorſque M. de Vauzeſmes copie, il copie d'imagination.

„ OBSERVATION *p.* 57. TAYE SUR L'ŒIL AVEC UL-
„ CERE ET HERNIE. La nommée...... avoit l'œil gauche
„ profondément enfoncé dans l'orbite. L'œil droit au con-
„ traire étoit faillant en même proportion, & recouvert d'une
„ taye griſe & épaiſſe. La malade étoit abſolument aveugle.
„ Après l'examen, M. Meſmer promet de raccommoder les
„ deux yeux & de les remettre à leur place, & M. d'Eſlon
„ aſſure qu'il a tenu parole, & qu'il a rendu la malade clair-
„ voyante. — RÉFLEXION DE M. D'ESLON. Y a-t-il une
„ cure? n'y en a-t-il pas? des yeux ſont-ils quelque choſe
„ ou rien?

„ Les yeux ſont ſans doute très-précieux; mais quand ils
„ ſont fondus, comme le dit M. d'Eſlon, il y a une impoſſi-
„ bilité phyſique à leur rétabliſſement, à moins d'une nou-
„ velle création; & M. Meſmer n'eſt point encore parvenu
„ au point de s'en flatter.

Note de M. MESMER. Pour ſentir tout
ce qu'il y a de pitoyable dans ce que vient
de dire M. de Vauzeſmes, il faut néceſſairement lire le récit de M. d'Eſlon : récit auſſi
ſimple que celui de M. de Vauzeſmes eſt
miſérable.

„ OBSERVATION *p.* 75. PARALYSIE AVEC ATROPHIE
„ DE LA CUISSE ET DE LA JAMBE. La cure de cette pa-
„ ralyſie eſt ſans doute des plus ſurprenantes. Il n'y avoit plus
„ de chaleur naturelle, ni de mouvement à la cuiſſe : les chairs
„ étoient deſſéchées & racornies : les os étoient plus courts
„ & plus minces que ceux de l'autre côté du corps; & cette
„ malade avoit été déclarée incurable aux écoles de Chirur-
„ gie. Eh bien! dit M. d'Eſlon, les chairs ſont revenues : les
„ os ont groſſi : les mouvements ſont libres; & ce qu'il y a
„ de plus ſingulier, le pied gauche, autrefois le plus court,

„ *eſt à préſent le plus long.* L'obſervateur avoue que le fait
„ eſt incompréhenſible. Je ſuis entiérement de ſon avis. Pour
„ qu'on puiſſe ajouter foi à M. d'Eſlon, je crois qu'il eſt in-
„ diſpenſable que l'Académie de Chirurgie, qui, ſelon lui, a
„ reconnu cette maladie comme incurable, la conſtate au-
„ jourd'hui de nouveau, telle qu'elle lui a été préſentée, lorſ-
„ qu'elle l'a jugée, & qu'elle atteſte que la guériſon ſubſé-
„ quente & les phénomenes qui l'ont accompagnée, ne ſont
„ point équivoques & ne peuvent être conteſtés.

Note de M. MESMER. Je ne demande
pas mieux que de donner cette ſatisfaction
à M. de Vauzeſmes; mais j'eſpere qu'à ſon
tour il voudra bien régler l'affaire des quatre grands fleuves de France, du Volga, du
Niger, du Gange & de la riviere des Amazones.

„ OBSERVATION *p.* 47. MALADIE CONVULSIVE. Une
„ jeune Demoiſelle ſans connoiſſance, & en état de convul-
„ ſion depuis cinq jours, étoit couchée ſur le dos, & n'ap-
„ puyoit ſur ſon lit que de la tête & des talons. M. d'Eſlon
„ reconnoiſſant, dit-il, ſon inſuffiſance, appelle M. Meſmer.
„ Malheureuſement il étoit dix heures du ſoir. M. Meſmer
„ annonça qu'il lui faudroit trois ou quatre heures pour la
„ faire revenir de cet état : il fallut que le ſentiment de l'hu-
„ manité cédât à la néceſſité, & remettre l'opération au len-
„ demain. Alors, la malade, en deux heures de temps, fut
„ rendue à elle-même. De là elle paſſa chez M. Meſmer, où,
„ ſelon M. d'Eſlon, ſon traitement a été des plus ſinguliers,
„ des plus apparents & des plus inſtructifs. — RÉFLEXION
„ DOULOUREUSE DE M. D'ESLON, *p.* 49. Si la Nature
„ renvoyée au lendemain par la *néceſſité*, a eu la bonté d'at-
„ tendre l'heure de M. Meſmer, il faut convenir qu'elle eſt

„ bien *complaisante* à son égard, & en même temps bien
„ *cruelle* pour moi, qu'elle paroît prendre à tâche de faire
„ tomber en erreur. — Le hasard, Messieurs, m'a fait con-
„ noître une personne liée avec les parents de cette Demoi-
„ selle. Voilà *mot pour mot* un billet que j'ai reçu derniére-
„ ment à ce sujet. — Mlle. P.**.* a été six mois chez M. Mes-
„ mer, où elle a été traitée pour une maladie nerveuse. De-
„ puis qu'elle est rentrée chez ses pere & mere, M. d'Eslon
„ est venu la voir, & a assuré qu'elle étoit radicalement gué-
„ rie. Mais actuellement, elle est retombée dans des convul-
„ sions encore plus affreuses. On a obtenu que les Gardes-
„ Françoises ne battissent point la caisse en passant devant sa
„ porte. Bien plus, cette Demoiselle a communiqué la même
„ maladie à une de ses sœurs cadettes, & au *petit chien* qui
„ couche avec elle.

Note de M. MESMER. J'employai huit
jours au voyage d'Orléans cité par M. de
Vauzesmes. Pendant mon absence, la D^{lle}.
P*** étant seule, eut fantaisie de je ne sais
quelle bagatelle placée assez haut. Elle mit
un fauteuil sur une table, & sur le fauteuil
une chaise; mais cet édifice s'étant écroulé
sous elle, la chûte fut malheureuse. La
D^{lle}. P*** tomba sur le plancher sans connoissance & sans mouvement. M. Didier, &
successivement M. d'Eslon, furent appellés.
Le souvenir de ce que j'avois déja opéré
sur cette Demoiselle, leur inspira la résolution de m'attendre, sans administrer aucun
remede : ce qui fut plus long qu'on ne l'a-
voit présumé, puisque je n'arrivai que plu-

sieurs

fieurs jours après l'accident. Je me rendis à l'inftant auprès de la malade, que je fis revenir à elle ; mais les fuites de cette chûte m'ont long-temps inquiété : j'ai craint, pendant quatre mois & demi, qu'il n'arrivât quelque malheur à cette Demoifelle : j'en ai même défefpéré au point de lui faire adminiftrer les derniers Sacrements. Heureufement, la Nature a repris le deffus. Au moment où j'écris, la Dlle. P*** eft dans le même état de fanté qu'avant fon accident. *

---

* Au Mémoire de M. de Vauzefmes eft joint un papier intitulé, *Lettre ou Note*, dont je ne vois pas l'utilité. Je le prendrois pour l'original du texte, fi M. de Vauzefmes n'affuroit que celui-ci eft copié *mot pour mot*. Quoi qu'il en foit, voici cette Lettre ou Note : Je ne veux pas qu'on m'accufe d'altérer en rien la production de M. de Vauzefmes. — « Mlle. P*** l'aînée, qui a été plus de fix mois » entre les mains du Sr. Mefmer pour violentes attaques de nerfs, » en eft attaquée actuellement plus vivement qu'auparavant. Elle » a même communiqué cette maladie à une de fes fœurs cadettes, » qui en eft dans ce moment dans le plus grand danger. De plus » un chien qui couchoit avec elle éprouva dans le même moment les » mêmes fymptômes. Ces Demoifelles ... font filles d'un Infpecteur » Général des .... & elles logent rue du .... Elles ont demandé & » obtenu, ces jours-ci, que les Gardes-Françoifes ne battiffent pas la » caiffe pour la retraite, parce que cela leur caufoit des douleurs in- » tolérables. C'eft M. Didier, Chirurgien, rue Neuve St. Euftache, » qui voit ces Demoifelles. M. d'Eflon va les voir auffi, & les a » dites guéries. » — Je puis affurer que M. de Vauzefmes a eu tort de dénoncer *le petit chien* à la Faculté. Jamais *Azor* n'a eu d'attaques de nerfs. Il a long-temps accompagné fa maitreffe à mes traitements : mais loin d'aboyer, comme tant d'autres animaux, contre le MAGNÉTISME-ANIMAL, il avoit en moi la plus grande confiance. Il favoit fort bien diftinguer, en mon abfence, quand

„ Observation *p.* 62. Cécité à la suite d'in-
„ flammation aux yeux. A la suite d'une maladie &
„ des remedes qu'elle exigea, les yeux du nommé *** La-
„ quais, s'enflammerent & s'atrophierent. Il se fit conduire des
„ Thuileries au Marais par un Savoyard. M. Mesmer toucha
„ ses yeux quelques minutes, l'aveugle devint clair-voyant;
„ & dans la joie de son cœur, il descendit, paya le Sa-
„ voyard, le renvoya & s'en retourna chez lui sans conduc-
„ teur.

„ D'après cette exposition n'est-on pas en droit de dire :
„ ou les yeux n'étoient pas atrophiés; car l'atrophie est une
„ espece de flétrissure, de desséchement, qui détruit, en quel-
„ que sorte, l'organisation; ou s'ils l'étoient, M. Mesmer,
„ quel qu'ait été son agent, n'a pu rétablir l'organe en quel-
„ ques minutes. Il y a donc dans cette observation une erreur
„ de calcul : la voici. Ce malade est encore un de ceux que
„ j'ai découverts malheureusement pour M. d'Eslon. Il n'est
„ pas vrai qu'il ait eu les yeux atrophiés. On a remarqué
„ qu'une grande abondance d'humeur séreuse s'étoit portée
„ sur les yeux; qu'il y avoit sur la cornée plusieurs taches
„ qui l'obscurcissoient. Il a demeuré assez long-temps chez
„ M. Mesmer, où il a pris beaucoup de bains, de tisane,
„ de crême de tartre. Il a senti *une espece de soulagement*
„ pendant les quinze premiers jours, mais il en est sorti dans
„ un état semblable à celui qu'il éprouvoit lorsqu'il y est en-
„ tré : de là ce malade a été trouver MM. Grand-Jean, qui lui
„ ont donné un certificat pour se présenter aux incurables.
„ M. Cadet, Chirurgien, l'a renvoyé à M. Chamseru, qui l'a

---

la maîtresse avoit réellement besoin de mes secours. Alors, il venoit me chercher, & j'ai souvent éprouvé qu'il ne se trompoit pas
à l'instinct qui le faisoit agir. Au surplus la lecture du décret ci-
après de la Faculté de Médecine de Paris, prouvera que ce Corps
n'a pas fait droit à la plainte de M. de Vauzesmes contre *le petit
chien*.

» fait paſſer à l'hoſpice de St. Sulpice où il a été entre les
» mains de notre confrere M. Doublet. Il y a été vu par
» MM. Thierry, de Buſſy, Tiſſot , & d'autres Médecins.
» Un traitement très-actif a détourné de deſſus la vue le flux
» d'humeur qui s'y portoit, & maintenant il éprouve un mieux
» ſenſible.

» Voilà deux prétendues guériſons, & des plus faites pour
» en impoſer, reconnues abſolument fauſſes. Ne peut-on pas
» porter le même jugement des autres? Pourquoi M. d'Eſ-
» lon, comme je l'ai déja dit, cache-t-il les noms, les qua-
» lités, les demeures des perſonnes qui font le ſujet de ces
» obſervations ? Des obſervations ſe font-elles de cette ma-
» niere? M. d'Eſlon craint-il qu'on ne les vérifie? Nous pou-
» vons donc rigoureuſement exiger de lui qu'il mette un nom
» à chacune de ces obſervations, s'il ne veut qu'on les con-
» fonde avec celles que publient journellement les charlatans.
» Elles intéreſſent eſſentiellement le public, puiſque ce ſont
» des guériſons extraordinaires qu'on lui préſente dans une
» circonſtance *très-importante & très-délicate.* D'ailleurs les
» maladies qu'il expoſe, ne ſont ni honteuſes ni ridicules.

Note de M. MESMER. Si la circonſtance
eſt *très-importante & très-délicate*, M. de
Vauzeſmes en a écrit d'un ton beaucoup trop
léger & trop indécent. La Faculté n'eſt pas
moins coupable de ne lui avoir pas impoſé
ſilence avec indignation.

M. de Vauzeſmes, en parlant des traitements de la D^{lle}. P *** & du nommé P***
Laquais, s'écrie: *voilà deux prétendues guériſons, & des plus faites pour en impoſer,
reconnues abſolument fauſſes.* M. d'Eſlon

K 2

n'a donné ni l'un ni l'autre pour des cures, mais pour des traitements extraordinaires. J'ai déja parlé de la D^{lle}. P ***. Je ne dirai rien ici du traitement du nommé ***, parce que cette digreſſion couperoit trop le Mémoire de M. de Vauzeſmes, mais je la placerai immédiatement à la ſuite du Mémoire.

Lorſque M. d'Eſlon n'a pas donné dans ſon livre le nom des malades, il a craint ſans doute de leur déplaire. Peu de perſonnes aiment à être citées en Public & dans des livres, ſur-tout pour y être en butte aux malhonnêtetés d'Ecrivains ſans pudeur.

On n'aime pas à s'entendre traiter publiquement, même par MM. de Horne, Bacher, & Paulet, d'ames puſillanimes, de têtes exaltées, de viſionnaires, de foux, &c.

Les Dames de mon traitement ont trouvé très-mauvais, que M. de Horne ſe ſoit permis de dire que j'emploie *des moyens de ſéduction, qui ne ſont pas du reſſort de la Médecine.*

Je crois que M. Bacher aura eu peu d'admirateurs de ſon ſtyle dans le morceau que j'ai cité, & où Mlle. de Berlancourt eſt déſignée ſous la dénomination de *la fille.* Je veux bien ne pas examiner des paſſages de ce lourd Ecrivain, qui, s'ils ſignifient quelque choſe, ſont d'une groſſiéreté abominable.

Le Pere Gerard, Procureur-Général de l'Ordre de la *Charité*, a été fort choqué de fe voir indécemment nommé dans la Gazette de M. Paulet. Le ton de ce Gazetier ne va réellement ni au caractere ni à l'honnêteté de ce Religieux.

Le même M. Paulet, faifant allufion à l'endroit du livre de M. d'Eflon, où il eft dit que je paffai la nuit fur un lit de camp auprès d'un de mes malades en danger, ajoute décemment en parenthefe, que je *couche* avec mes malades. Je demande pardon à mes Lecteurs de l'infolence du terme. Je ne fais que citer.

En voilà plus qu'il n'en faut pour faire l'éloge de la retenue de M. d'Eflon; d'autant que fi fa Compagnie avoit pris des réfolutions dignes d'elle, il auroit été temps de lui donner tous les renfeignements de cette efpece qu'elle auroit pu defirer.

„ TRAITEMENT DE M. BUSSON. — Celui-ci eft public.
„ C'eft un article, Meffieurs, qu'il eft très-important d'éclair-
„ cir. A l'avant-derniere affemblée du *primâ-menfis*, M. d'Ef-
„ lon vous a annoncé à très-haute voix, & avec fon affu-
„ rance ordinaire, que notre Confrere M. Buffon avoit été
„ abandonné par la Médecine & la Chirurgie, fon polype
„ ayant été déclaré cancereux & incurable : que M. Mef-
„ mer avec fon Magnétifme avoit déterminé une fuppuration
„ d'un très-bon caractere, & qu'il étoit à la veille d'une
„ guérifon *ridicule*. M. d'Eflon & les partifans du Magné-

K 3

„ tifme font fonner bien haut cette guérifon future. Voici le
„ fait : MM. de Horne, Moreau, Louis, Ferrand, Laffus,
„ Grand-Jean ont été les feules gens de l'art appellés pour
„ voir M. Buffon. Ils ont confulté plufieurs fois tous enfem-
„ ble fur fon état. Tous ont décidé que le polype n'étoit pas
„ cancereux, ni même incurable. Comme on ne peut déter-
„ miner où s'implantent les racines de ce polype, comme il
„ eft baveux, molaffe, & qu'il y a toujours un écoulement
„ limphatique & fanguinolent, ils ont craint, en l'extirpant
„ ou en l'attaquant par des cauftiques, qu'il ne furvînt
„ une hémorragie qu'il auroit peut-être été impoffible d'arrê-
„ ter, d'autant plus que M. Buffon avoit été fort fujet à ces
„ hémorragies. Tous font convenus qu'il pouvoit fe faire
„ qu'une fonte heureufe s'établît dans ces parties & que le po-
„ lype fe détruifît de lui-même fans opération, l'expérience
„ ayant fait voir plus d'une fois que la nature fe débarraffoit
„ par cette voie, mais qu'on ne pourroit en prefcrire ni le
„ temps ni la fource. M. Ferrand avoit également & particu-
„ liérement tiré ce pronoftic, & je tiens de lui qu'il y a
„ deux mois environ, il furvint une petite inflammation,
„ une fuppuration, enfin qu'une partie du polype fe détacha.
„ Alors, Mad. Buffon, dans la vivacité de fa reconnoiffan-
„ ce, écrivit à M. Ferrand, qu'il étoit le fauveur de fon
„ mari, & qu'elle lui annonçoit l'accompliffement de fa
„ prophétie. Si la même fuppuration, peut-être plus complet-
„ te, s'eft répétée depuis que M. Mefmer & d'Eflon voient
„ & traitent M. Buffon, ce n'eft pas une raifon pour l'attri-
„ buer au Magnétifme, puifque cette même fuppuration
„ avoit été prédite comme poffible, qu'elle avoit même com-
„ mencé à s'établir, fans qu'on puiffe déterminer au jufte ce
„ qui l'a depuis interrompue. Si néanmoins, comme je le
„ crois, le Magnétifme ne produit par la fuite aucune amé-
„ lioration fenfible à l'état de notre Confrere; & fi, comme
„ je le redoute, cet état malheureux vient à empirer,
„ MM. Mefmer & d'Eflon ne cefferont pourtant de chanter

,, victoire. Un accident ou une imprudence quelconque aura,
,, felon eux, été la caufe de tout le défaftre. Le Magnétifme
,, aura toujours fait un miracle ; & cette cure éclatera d'au-
,, tant plus qu'elle aura été opérée fur un homme diftingué
,, dans fon art ; tant le charlatanifme fait habilement profiter
,, de tout.

,, Mais, dit-on, comment fe peut-il que M. Buffon fe foit
,, livré à MM. Mefmer & d'Eflon ? A cela je réponds, pour
,, ne citer que deux exemples : N'avons-nous pas vu M. Baron,
,, célebre Chymifte, admettre au traitement d'une hydropifie
,, qui a terminé fes jours, une foule de charlatans dont il pre-
,, noit avec confiance toutes les drogues ? M. Ferreins n'eft-il
,, pas mort avec un fachet d'Arnould, appliqué fur la poitrine ?
,, Eft-il étonnant qu'un malade quelconque, dans une fituation
,, grave & qu'il imagine défefpérée, ajoute foi à un charlatan
,, qui affure avec audace qu'il le guérira, fur-tout lorfque les
,, fecours préfentés par les gens de l'art ne font point très-
,, prompts & très-efficaces ?

Note de M. MESMER. Ce qu'on voit de
plus clair, à mon avis, dans la narration de
M. de Vauzefmes, c'eft que dans la Faculté
de Médecine de Paris, plufieurs Membres
ont tremblé que je ne réuffiffe dans la cure
de M. Buffon. Il faut les raffurer : M. Buffon
eft mort malgré mes foins, ou par mes foins,
comme l'on voudra. Je réferve l'expofition
des faits, pour la placer à la fuite du Mémoire de M. de Vauzefmes.

Quelle peine ne prend-il pas ce M. de
Vauzefmes, pour ne pas articuler pofitivement que j'ai fait tomber le polype dont

K 4

M. Buffon étoit affligé ! C'étoit l'unique vérité importante à discuter , & la seule du traitement de M. Buffon , que M. d'Eslon eût fait valoir dans l'assemblée du *primâmensis*.

Suivant M. de Vauzesmes (& la Faculté a été très-contente de lui) je ne suis qu'un charlatan, pour avoir fait tomber le polype de M. de Buffon ; mais MM. de Horne, Moreau, Louis, Ferrand, Lassus, Grand-Jean, font d'habiles gens pour avoir prononcé que cela n'étoit pas impossible à Dieu.

Ils se font assemblés, ces habiles gens, ils ont consulté, ils ont décidé qu'ils ne savoient pas où s'implantoient les racines du mal ! Ils ont vu que le polype étoit baveux & molasse ! Ils ont reconnu un écoulement limphatique ou sanguinolent ! Ils ont craint une hémorragie ! Enfin ils n'ont osé donner aucun secours au malade , mais ils l'ont consolé par de belles paroles ! Qu'il est malheureux d'être loué par M. de Vauzesmes, & d'obtenir ainsi les suffrages de la Faculté de Médecine de Paris !

„ Il est bon de remarquer ici que tout ce que nous a
„ donné M. d'Eslon sur le MAGNÉTISME-ANIMAL & sur
„ les prétentions de M. Mesmer, est un plagiat continuel,
„ & que le nommé Leroux a précisément imprimé les mêmes
„ choses en 1777 ; mais le Chirurgien a écrit bien différem-

» ment de M. d'Eflon. Il y a, dans ce qu'il a fait, de l'ordre,
» de la clarté, point de prétention dans le ftyle qui n'eft ni
» bas ni gigantefque. Il eft toujours conféquent. Si les cures
» qu'il a exaltées font fauffes, comme celles de M. d'Eflon,
» au moins elles ne font pas *ridicules & invraifemblables.*

Note de M. MESMER. Je n'ai pas l'efprit
de comprendre comment M. d'Eflon, pla-
giaire de M. Leroux, ne dit que des chofes
ridicules & invraifemblables, tandis que ce
même M. Leroux eft toujours conféquent,
quoiqu'il ne dife que des chofes fauffes. La
Faculté de Médecine de Paris comprend
tout cela!

» Les contradictions nombreufes dans lefquelles eft tombé
» M. d'Eflon font en outre groffieres & révoltantes. Vous
» favez, par exemple, & je l'ai dit plus haut, que M. Mef-
» mer a demandé des Commiffaires, à qui il devoit foumettre
» fa conduite & fes traitements; puis, *p.* 147, il veut garder
» fon fecret, & rejette toute efpece de juges.

Note de M. MESMER. J'ai lu le Livre de
M. d'Eflon; mais je n'aurois pas fu l'analy-
fer auffi fpirituellement.

» Autres contradictions. *P.* 38. — Paroles de M. d'Eflon : —
» *Le Magnétifme-Animal a des défagréments. L'offiduité,*
» *les douleurs très-fortes occafionnées par cet agent, l'opi-*
» *niâtreté du mal, la diverfité des organifations ne font pas*
» *peu de chofe.* — Voilà qui eft bien pofitif : eh bien! *p.* 39.
» on lit : — *Le Magnétifme-Animal donne du courage : le re-*
» *mede attache au remede : il femble qu'on en foit plus fort :*
» *j'ai vu peu de malades manquer de conftance.* C'eft un

„ moyen de répondre à toutes les objections que pourroient
„ faire les malades. Avant le traitement, on leur promet qu'ils
„ ne souffriront pas; & après on leur fait croire qu'il étoit
„ nécessaire que le contraire arrivât.

Note de M. MESMER. Lisez, repéterai-je
toujours, M. d'Eslon en original si vous vou-
lez le comprendre. Alors à vous permis de
croire avec M. de Vauzesmes, que M. d'Eslon cherche à tromper finement les malades,
en faisant imprimer sa façon de penser.

„ Autre contradiction non moins frappante, *p.* 35. on lit:
„ *Ainsi que la Médecine est une, le remede est un; & ce re-*
„ *mede est le Magnétisme-Animal.* Cependant *p.* 95. M. d'Es-
„ lon nous dit: *M. Mesmer admet la saignée & les vomi-*
„ *tifs, non comme remedes, mais comme propres à dégager*
„ *les premieres voies quand elles sont trop engorgées.* — Il se
„ sert aussi de la crême de tartre lorsqu'il veut procurer une
„ évacuation qu'il croit nécessaire, lorsqu'il a besoin des eaux
„ minérales, il les emploie aussi; & M. d'Eslon nous assure
„ toujours que la saignée, les bains, les vomitifs, les purga-
„ tifs, les eaux minérales, dont se sert journellement M. Mes-
„ mer, ne sont pas des remedes.

Note de M. MESMER. Ce passage me rap-
pelle que M. Paulet a dit dans sa gazette que
j'avois chez moi une boutique de rhubarbe,
de séné, de crême de tartre, de syrop, de
quinquina, & même d'*armonica* , &c. &c.
C'est à cette boutique que M. de Vauzesmes
a trouvé les purgatifs & les eaux minérales
dont, à Dieu ne plaise que je me serve.

J'emploie fréquemment les bains quand j'en ai les commodités; mais je suis en cela si peu guidé par les idées communes, que je me sers indifféremment d'eau de riviere, de fontaine ou de puits. Je démontrerai un jour que la science sur ces différences est ignorance.

Par les raisons alléguées par M. d'Eslon, je fais un usage très-modéré de la saignée, & un très-rare des vomitifs.

La crême de tartre, la magnesie, l'orgeat, limonade, orangeade, eau de groseilles, sont des boissons communes à mes malades.

Je crois néanmoins pouvoir dire au terme propre, que je n'use pas de médicaments.

,, M. d'Eslon nous a parlé de fievre miliaire, maligne, de ,, fluxions de poitrine, d'obstructions, de dissenterie, de pa- ,, ralysie commençante, de pâies couleurs, de rhumatismes, ,, de vapeurs, de maux de tête; & il nous assure, *p.* 101, que ,, *ses exemples sont pris dans ces maladies graves, qui de tout* ,, *temps ont bravé les effets de la Médecine connue.* Com- ,, ment M. d'Eslon ose-t il parler de la sorte à des Méde- ,, cins? Où il fait preuve en ce moment de l'ignorance la plus ,, complette, ou il veut nous braver en nous supposant à tous ,, la même ignorance.

Note de M. MESMER. Si M. de Vauzesmes se fâche, c'est un malheur imprévu. J'avois cru aussi que les maladies citées par M. d'Eslon étoient graves.

» Enfin, Meſſieurs, je pourrois faire ici une longue énu-
» mération des malades à qui MM. Meſmer & d'Eſlon ont
» promis une entiere guériſon, & dont l'attente a été trom-
» pée. Il n'eſt perſonne parmi vous qui ne connoiſſe de ces
» malades. Je demande ici à MM. Bertrand, Malloët & Sol-
» lier, qui, *dit-on*, ont ſuivi pluſieurs traitements Meſmériens,
» s'ils ont vu quelques guériſons réelles, opérées par le MA-
» GNÉTISME-ANIMAL?

Note de M. MESMER. Je me joins à M. de
Vauzeſmes pour interpeller MM. Malloët &
Sollier de dire la vérité ſans interprête. Ils ſont
priés de rendre leur façon de penſer publique par la voie du Journal de Paris.

» M. de St. Lubin paralytique n'eſt point guéri : M. Meſ-
» mer l'a envoyé aux eaux de Bourbonne ; & c'eſt le malade
» de la guériſon radicale duquel on a tant parlé.

Note de M. MESMER. M. de St. Lub'n
eſt allé aux eaux de Bourbonne, mais contre mon avis. Il paie cette imprudence trop
cher pour la lui reprocher.

» Que M. d'Eſlon cite parmi quelques Confreres eſtima-
» bles qui atteſtent la même choſe que lui. En trouvera-t-il
» un ſeul? Juſqu'ici il n'y a eu que M. Cadet, Apothicaire
» de la rue St. Antoine, qui ait pu dire : *M. Meſmer a fait*
» *des cures : on les lui a niées, ainſi que le témoignage des*
» *malades.* Ces malades on ne les a jamais connus. Il con-
» tinue ainſi : *Il a entrepris de nouvelles cures ſous les yeux*
» *de pluſieurs Médecins.* Ces Médecins, comme je viens de
» le dire, ſont MM. Bertrand, Malloët, Sollier. *Ils ont vu*
» *les cures*, ajoute M. Cadet. Puis il finit de cette maniere :

» *L'on voit, enfin autour de sa table magique trente victimes*
» *des miseres humaines, qui toutes, sans exception, éprouvent*
» *les effets salutaires du Magnétisme, & dont pas une ne*
» *démentira ce que j'avance.* Il faut être aussi confiant &
» aussi peu instruit que M. Cadet pour oser prédire aussi for-
» tement cet avenir.

» Pour subjuguer la confiance publique, M. d'Eslon nous
» dit d'un ton suffisant : *Pesez qui je suis, & qui je puis être.*
» Après avoir décrit une observation : *Est-ce là une cure ?*
» s'écrie-t-il? *Est-ce là un traitement* ; & lorsqu'il s'agit d'é-
» tablir les effets merveilleux du Magnétisme, écoutons ce
» qu'il dit par l'organe de M. Cadet : *Il faut au moins dou-*
» *ter, quand une pareille conclusion est tirée par un Médecin,*
» *& par un Médecin de la Faculté de Paris qui n'a jamais*
» *cessé de jouir de la double réputation d'homme de mérite*
» *& du plus parfait honnête homme.* Voilà donc M. Cadet
» qui nous assure que M. d'Eslon est un homme habile &
» honnête : ces assertions peuvent être interprétées d'une au-
» tre maniere.

Note de M. MESMER. Laissons à part
le mérite de M. d'Eslon. Il est certain qu'il
jouit d'une grande réputation d'honnêteté.
Jamais dans sa Compagnie même, il ne
s'est élevé de doutes à ce sujet. Comment
a-t-elle pu souffrir que M. de Vauzesmes élevât un problême aussi injurieux à
M. d'Eslon à propos d'un livre où personne
n'est insulté ni nommé?

» Ce n'est pas sans dessein que ces Messieurs ont affecté
» un langage amphibologique. En effet, M. Cadet après
» avoir vanté tout ensemble l'honnêteté & la probité de

„ MM. Mesmer & d'Eslon, nous parle, tout de suite après,
„ de *l'acharnement de ses ennemis*; de maniere qu'on ne sait
„ si les ennemis sont acharnés après M. Mesmer ou après
„ M. d'Eslon. Personne cependant n'avoit encore inculpé ce
„ dernier lorsque la lettre de M. Cadet parut. On remarque
„ la même ambiguité lorsque MM. Cadet & d'Eslon nous
„ entretiennent des Compagnies savantes, auxquelles s'est
„ adressé M. Mesmer, & lorsqu'ils parlent des gens de l'art
„ qui disent avoir suivi leurs traitements. Des personnes hon-
„ nêtes, & amies de la vérité, écrivent-elles d'une maniere
„ aussi captieuse, aussi équivoque?

Note de M. MESMER. Autant que je puis m'y connoître, les torts dont on accuse M. Cadet se bornent 1°. à avoir reconnu dans M. d'Eslon un homme de mérite & un homme de probité : 2°. à avoir commis une faute de style. Cela ne me paroît pas trop grave.

Les paroles attribuées à M. Cadet sont consignées dans le Journal de Paris. Je ne puis ni affirmer ni nier positivement qu'elles soient ou ne soient pas de M. Cadet. Ce qu'il y a de certain, c'est que le Journal de Paris, faisant vœu d'impartialité à mon égard, a imprimé pour & contre moi. Pour plaire à M. de Vauzesmes, il auroit dû n'approuver que ce qui m'est injurieux.

„ MM. Mesmer & d'Eslon assurent toujours qu'ils enleve-
„ ront le mal comme avec la main : c'est là leur expression;
„ que les remedes usités dans la Médecine commune, s'ils

» ne font inutiles, au moins font dangereux ; que le Ma-
» gnétisme-Animal, quand bien même, en un feul mois
» de temps, par exemple, on procureroit par fon moyen qua-
» tre ou cinq cents évacuations ; que le Magnétifme, dis-
» je, au-lieu d'affoiblir, donne des forces & de la vigueur.
» N'eft-ce pas là le langage du charlatanifme & de la féduc-
» tion ? Bien plus, fi le temps ne vous permet pas de faire
» chez M. Mefmer un traitement fuivi, il ne faut point s'en
» inquiéter. On peut n'en prendre qu'une moitié, qu'un tiers,
» qu'un quart, & à la fin, quelqu'intervalle qu'on mette en-
» tre ces parties de traitement, on obtient fon total de gué-
» rifon. L'Auteur de la Gazette de fanté (M. Paulet) n'a-t-il
» pas eu raifon de n'employer que la plaifanterie, lorfqu'il a
» rendu compte d'un ouvrage rempli de chofes auffi ridicu-
» les ? Il faudroit un gros volume pour relever férieufement
» toutes les contradictions, les abfurdités contenues dans cette
» petite brochure.

» J'aurai rempli la tâche que je me fuis impofée, fi j'ai
» pu, Meffieurs, vous prouver les manœuvres de M. Mef-
» mer, l'affociation fcandaleufe de M. d'Eflon avec les char-
» latans. Si je vous ai fait voir qu'il avoit injurié les Corps
» littéraires, & fpécialement cette Faculté ; enfin fi j'ai dé-
» montré le ridicule, le faux de fes principes, l'abfurdité,
» l'impoffibilité, la fauffeté des cures qu'il vous préfente à exa-
» miner. J'attaque feulement fa ridicule & très-dangereufe doc-
» trine, que je regarde comme ennemie du bien public, & qui
» compromet cette compagnie, puifque c'eft comme Docteur-
» Régent de cette Faculté qu'il la foutient cette Doctrine.

» Je laiffe à votre jugement, Meffieurs, à décider fur l'ou-
» vrage de M. d'Eflon ; car je le répete, je n'en veux point
» à fa perfonne.

Note de M. Mesmer. Je n'ai pas le courage de commenter la peroraifon de M. de

Vauzefmes. Je félicite le Lecteur & moi d'être à la fin de fon mémoire. C'eft une terrible tâche que celle de tranfcrire & commenter M. de Vauzefmes. Cela ne reffemble pas mal à la pénitence impofée dans la Société de Racine & Defpreaux, où tout coupable envers certaines regles étoit condamné à lire des Vers de Chapelain.

Fin du Mémoire de M. de Vauzefmes & des Notes y jointes.

Je me fuis engagé à donner quelques éclairciffements fur le traitement du nommé R***, cité par M. d'Eflon *p.* 62 *& fuivantes*, & nié par M. de Vauzefmes.

Le nommé Charles Lecat, dit Picard, Domeftique de M. Ch.er de Servan, demeurant aux Thuileries, cour de la Comédie Françoife, m'étoit entiérement inconnu. Aveugle au point de ne pouvoir fe conduire, il s'étoit fait mener chez moi par un Savoyard, & il me fut préfenté par M. d'Eflon. Je le touchai l'efpace de cinq ou fix minutes : il tomba de fes yeux une humeur féreufe en quantité confidérable ; ce qui lui rendit fubitement la faculté de voir au point d'être en état de retourner chez lui fans conducteur.

Cet homme revint le lendemain, & employa, pour m'engager à entreprendre fa cure, cette efpece d'éloquence que la mifere & le malheur favent

vent

vent rendre perfuafive, bien mieux que toutes les
regles de l'art. Il n'eft pas dans mon caractere de
rebuter le pauvre avec dureté. Je cherchai des dé-
faites, & j'en avois, qui pouvoient affurément paffer
pour des raifons : j'étois furchargé de malades ; &
ma maifon n'offroit pas un recoin quelconque pour
y loger un malheureux que fon indigence auroit
laiffé fans retraite autour de moi. M. d'Eflon leva
cette derniere difficulté, en fe chargeant du logement : je n'eus qu'un mérite d'imitation en me
chargeant de la nourriture.

La cure radicale de Picard n'étoit pas chofe aifée
ni de peu d'haleine. J'ai déja eu occafion d'obferver
que les maux aggravés par l'art étoient bien plus
cruels que les maux dus à la feule nature. Picard
avoit eu le malheur de paffer par des traitements
mercuriels, adminiftrés avec la derniere indifcrétion.
J'obtins, pendant fon féjour chez moi, tout ce que je
pouvois me promettre raifonnablement ; c'eft-à-dire,
qu'après lui avoir procuré la Faculté de voir, je la
lui confervai & la raffermis au point qu'il alloit &
venoit par tout Paris, & aidoit au fervice de ma
maifon avec la plus grande liberté. Celui qui manie
des verres & des porcelaines, les rince, les nettoie,
les porte, les place & les donne où & à qui il appartient dans une affemblée nombreufe & embarraffée : ce-
lui-là certainement n'eft pas aveugle. D'ailleurs, je n'ai
pas minutieufement obfervé les progrès de fes yeux.
Il voyoit & voyoit bien : c'eft tout ce que j'en fais.

L

Il reſtoit deux grandes difficultés à lever. Les yeux étoient couverts de tayes : je ſuis perſuadé qu'avec le temps je ſerois venu à bout de les diſſiper. En ſecond lieu, les yeux étoient rapetiſſés, deſſéchés, racornis, en un mot atrophiés. Je doute que je fuſſe jamais venu à bout de rétablir l'organe dans ſon premier état ; mais je ſuis convaincu que je lui aurois été fort utile.

M. de Vauzeſmes pérore fort inutilement ſur l'expreſſion *d'yeux atrophiés*. Il y a pluſieurs degrés d'atrophie, & la Langue Françoiſe n'a pas un terme exprès pour déſigner chacun de ces degrés. La preuve au ſurplus que les yeux de Picard étoient atrophiés, gît en ce qu'ils le ſont encore malgré les ſoins efficaces & vantés de *notre Confrere Doublet.*

C'eſt ſur la parole du *Confrere Doublet* que M. de Vauzeſmes nous traite de charlatans M. d'Eſlon & moi. Quel eſt M. Doublet ? M. Doublet eſt Médecin de l'Hoſpice de St. Sulpice à Paris ; d'ailleurs, Docteur de la Faculté, de même date, de même expérience, & à-peu-près de même âge que M. de Vauzeſmes.

Par quel haſard, par quelle fatalité, par quel vice d'inſtitution voit-on, en général, placer à la tête des Hôpitaux des Médecins ſans réputation ou ſans mérite ? ou, ce qui préſente le même problême ſous un autre aſpect, par quel haſard, par quelle fatalité, par quel vice d'inſtitution, le Public accorde-t-il rarement une confiance impoſante à des Médecins d'Hôpitaux? Il y a très-certainement dans cette marche contre nature un vice radical, auquel on n'a jamais fait assez d'attention.

Je reviens à M. Doublet. C'est sur sa parole que M. de Vauzesmes a donné un démenti formel à M. d'Eslon. Voici la lettre de M. Doublet, dont M. de Vauzesmes s'est autorisé.

M. DOUBLET à M. ROUSSEL DE VAUZESMES.

Le 17 7bre. au soir (1780)

Tu connois sans doute, mon cher ami, la triste cause qui m'avoit assez troublé la tête pour me faire oublier ta lettre & ta demande. Je n'y ai songé qu'hier; & tandis que je continuois ce matin une assez longue histoire sur l'homme dont il est question, le hasard me l'a amené lui-même chez moi. C'étoit, dit-il, pour me remercier de nouveau, & pour me demander un certificat, m'assurant du reste qu'on parloit par la ville de son entrée à l'Hospice, & qu'on disoit qu'elle n'avoit été ménagée que pour faire piece à Mesmer. Sans ajouter une trop ferme croyance à tous ces propos, & me tenant toujours sur mes gardes, je lui ai donné un certificat conçu en ces termes:

Je soussigné Docteur, &c. certifie que le nommé Charles Lecat, domestique arrivé à l'Hospice le 20 Juin avec la vision si obscurcie qu'il voyoit à peine à se conduire, en est sorti le 25 Août, non parfaitement guéri, mais distingant bien les objets, & lisant même dans un livre de caractere moyen. Les tayes qu'il avoit sur la cornée entiérement dissipées du côté droit, & celles du côté gauche presque tout-à-fait évanouies. — Examiné de nouveau le 17 Septembre, je trouve les choses à-peu-près dans le même état. Il m'a fort bien lu une demi page du Dictionnaire d'Histoire naturelle de Bomare, derniere édition *in*-4°; & comme le malade m'apprend d'ailleurs qu'il n'est pas toujours si bien qu'il se trouve aujourd'hui, que la fatigue & l'attention lui causent des éblouissements, je le crois encore incapable de faire les travaux nécessaires pour gagner sa vie. En foi de quoi j'ai signé.

Il est bien certainement l'homme au Savoyard, le sujet de la 6e. guérison citée dans le Journal de Médecine de Septembre; car je ne connois pas l'original de M. d'Eslon. Il est resté plusieurs mois chez Mesmer, & en est sorti voyant à peine à se conduire dans ses moments les plus lumineux. J'ignore en quel état il étoit quand il s'est présenté à M. d'Eslon, mais tel étoit celui où il étoit, quand il est venu chez nous, témoins MM. Chamseru ; Cadet le Chirurgien, qui l'ont vu alors. Témoins cinquante personnes qui l'ont vu arriver à l'Hospice, parmi lesquelles on peut citer Thierri, de Bussy, & Tissot, huit jours après la sortie de chez Mesmer. Témoins tous ceux qui voudront le voir maintenant chez M. Le Moine, Horloger, rue du Fauxbourg Mont-Martre, où il demeure.

Voici le précis du fait que tu me demandes, mon cher ami, & je crois que tu n'as pas besoin d'autre détail. Si toutes les autres guérisons citées par M. Mesmer ne sont pas mieux appuyées que celles-ci, ta cause est aussi bonne que belle; & il n'y auroit point d'autre maniere de la traiter, que d'établir la comparaison des faits. Je n'irai point demain à la Faculté : mes affaires ne me le permettent pas; & d'ailleurs si tu fais usage de ce que le hasard me donne occasion de te présenter, je ne pourrai peut-être pas consciencieusement opiner. Réunis-toi, à l'issue de l'assemblée, à nos deux inséparables, & viens avec eux m'apprendre l'issue d'une affaire à laquelle je m'intéresse de toutes les manieres. Adieu, courage & modération : attaques l'erreur : détruis l'opinion; mais ménages l'homme & respecte-toi toi-même dans ton Confrere. Je suis tout à toi. Ton ami Doublet.

L'Auteur de cette Lettre ne paroît point récufable, lorfqu'il nous prévient gratuitement qu'il a la tête dérangée. En s'intéreffant, dit-il, de toutes les manieres à l'iffue de cette affaire, il ne fe donne pas la peine d'en lire les détails dans le livre original : il fe contente d'un extrait fait, à la honte de la raifon, par M. Bacher : il compofe une longue hiftoire : cette longue hiftoire il la laiffe là pour donner un certificat par hafard : ce certificat donné & publié par hafard, il ne l'accorde qu'en fe tenant, on ne fait pourquoi, fur fes gardes, comme fi cette piece n'étoit pas abfolument inutile : elle eft modelée fur celle que l'on voit aux mains de ces malheureux qui courent les campagnes en mendiant de villages en villages, de paroiffes en paroiffes, de hameaux en hameaux.

Lorfque M. Doublet laiffoit à M. de Vauzefmes la liberté de faire ufage de fa lettre, il ne pouvoit fe diffimuler qu'elle deviendroit publique, ou tout au moins qu'elle feroit communiquée à la Faculté. Si *Thierry*, *de Buffy*, *Tiffot* & *Mefmer* ne méritoient à fes yeux aucun égard, il femble que, par refpect pour cette Compagnie, il auroit bien dû bannir de fa lettre cette baffe & dégoûtante familiarité qui ne paroît au grand jour qu'une habitude crapuleufe, quoique d'ailleurs elle ne foit peut-être pas déplacée dans la fecrete intimité du *Confrere* Doublet, du *Confrere* de *Vauzefmes* & des *deux inféparables*.

De quoi s'agiffoit-il? de prouver que M. d'Eflon en avoit impofé au Public. Alors deux chofes à de-

montrer : 1°. que Picard n'étoit pas aveugle en en-
trant chez moi ; 2°. qu'il étoit aveugle en fortant de
chez moi. On n'a fait ni l'une ni l'autre. Sur le premier point M. Doublet ne dit rien ; fur le fecond,
fon certificat dit pofitivement le contraire de ce qu'il
falloit prouver. Picard, y eft-il dit, *voyoit à peine à
fe conduire.* Voir à peine à fe conduire, c'eft mal
voir, mais c'eft voir.

Eft-il bien vrai que Picard *vit à peine à fe conduire ?* C'eft l'expreffion de M. Doublet. Cinquante
témoins font prêts, dit-il, à attefter qu'il eft arrivé
en cet état à l'Hofpice. Peut-être leur atteftation fe-
roit-elle plus concluante, s'ils affirmoient avoir vu
arriver Picard ne fe conduifant qu'à l'aide d'un Savoyard, ainfi qu'il vînt à moi la premiere fois ; car,
fuivant le récit ultérieur fait à M. d'Eflon par Picard,
il alla trouver une Dame : cette Dame l'envoya à un
Abbé : l'Abbé à un Curé : le Curé lui donna une
lettre : il porta la lettre : il fe rendit à l'Hofpice.
Dans les intervalles, il eft à préfumer que Picard
retournoit fréquemment chez moi pour dîner & fouper ; enfin, fuivant M. de Vauzefmes, il étoit allé
trouver MM. Grand-Jean, M. Cadet & M. Chamferu.
Voilà bien des courfes pour un homme qui *voit à
peine à fe conduire.* Je ne fais ; mais il eft d'autant
plus probable à mes yeux, que fi dès-lors on lui avoit
préfenté *l'Hiftoire naturelle de Bomare in-4°. derniere édition*, il en auroit bien lu *demie-page*, que
dans la vérité il a fervi chez moi de copifte, pen-

dant près de trois femaines, à une perfonne qui avoit befoin de lui.

On m'objectera, je n'en doute point, le rapport de M. Grand-Jean, qui, fuivant M. de Vauzefmes, a déclaré incurable Picard fortant de chez moi ; mais ce même M. de Vauzefmes n'affure-t-il pas que le malade a éprouvé un mieux fenfible, à la fuite d'un traitement *actif* adminiftré par M. Doublet ? D'où naît le dilemme fuivant, que je ne réfoudrai pas ?

Ou M. Grand-Jean a donné, dirai-je, le certificat d'un ignorant en déclarant incurable un homme fuf-ceptible de guérifon dans les regles de l'art ordinai-re ; ou bien, M. Doublet a fait un acte barbare, en foumettant à un traitement *actif*, un homme incura-rable, fuivant les mêmes regles de l'art.

Il a été vraiment *actif* le traitement dont parle M. de Vauzefmes. Pendant cinquante-trois jours con-fécutifs, le malheureux Picard a fouffert l'applica-tion des véficatoires. Horriblement tourmenté, fans amendement, il demandoit pour toute grace qu'on le mît dehors : faveur qu'on lui a refufée quelque temps en lui promettant qu'on lui mettroit bientôt un *feton* à la n --- . Je ne fais fi l'on a eu le temps, d'exécuter cette --- nace. Picard effrayé s'enfuit, ou fe fit chaffer peu de jours après par fes plaintives im-portunités.

M. Doublet prétend qu'après foixante-cinq jours de torture dans fon hofpice, il reftoit à Picard de fréquens éblouiffemens : je le crois. Il prétend en

outre que les tayes de l'œil droit étoient dissipées,
& celles de l'œil gauche presque évanouies : je ne le
crois pas ; mais je ne sais plus que croire ou ne pas
croire, lorsque M. Doublet, après avoir vanté les
merveilleux effets de ses traitements *actifs*, donne
rendez-vous aux curieux chez M. Lemoine, horloger, rue du fauxbourg Mont-Martre, pour s'y convaincre que Picard *ne voit pas à se conduire.*

Je prie le Lecteur judicieux de croire que je n'ai
aucune prétention à tirer vanité des avantages que
me donnent MM. de Vauzesines & Doublet ; mais
dans la question que je traite, il est extrêmement
important de faire voir par quels rapports, par quelles
raisons, & par quels personnages a été séduite la
Faculté de Médecine de Paris, lorsqu'elle a rejetté
mes propositions.

Encore un mot à propos de M. Doublet. Avec
quelle mal-adresse ne fait-il pas dire, sans nécessité,
à Picard, que son entrée à l'Hospice n'a été ménagée
que pour faire piece à Mesmer. Je n'en veux rien
savoir. J'ai éprouvé en France plusieurs de ces infa-
mies ; mais j'ai pris le parti de ne plus m'en affecter
& de m'en taire. Passons aux éclaircissements que
j'ai promis sur M. Buffon.

Le Révérend Pere Gerard, Procureur-Général
de l'Ordre Religieux de la Charité, m'amena un
malade affligé d'un polype au nez. Je le touchai
quelques instants avec soin ; & j'obtins des effets si
heureux, que, quelques jours après, le Pere Gerard

m'apprit la chûte du polype & la guérifon du malade. Ce fait, que je n'ai pas vérifié parce que la perfonne qu'il regarde ne m'en a pas fourni l'occafion,
parvint jufqu'au village de Ruel, à deux lieues de
Paris, où s'étoit retiré M. Buffon, premier Médecin
de Madame la Comteffe D'ARTOIS, & Membre de
la Faculté de Paris.

Le polype de M. Buffon étoit énorme. L'œil
droit, déplacé par les racines du mal, étoit fitué fur
la tempe : fa groffeur avoit élargi la narine du même
côté, au point qu'elle s'étendoit jufqu'à l'os de la
pommette. Il en découloit habituellement, depuis
plus de fix mois, du fang décompofé ; & un dévoiement de la plus mauvaife efpece indiquoit que
la maffe des humeurs étoit entiérement viciée.

La fingularité de la cure que je viens de citer
d'après le Pere Gerard, donna à M. Buffon un defir
ardent de me connoître. Il pria fon ancien ami
M. d'Eflon de lui procurer cette fatisfaction. Je fus
conduit à Ruel fous des prétextes inutiles à détail-
ler : je reftai affez long-temps avec M. Buffon : j'é-
coutai le détail de fes maux : je difcutai fon opinion, celle de fes confeils, la mienne, & lui donnai mes avis. J'annonçai qu'il s'établiroit deux points
de fuppuration qu'il feroit néceffaire d'ouvrir, de
crainte que le pus ftagnant n'engendrât la carie ou
ne la rendît incurable. Pendant tout ce-temps-là, je
le foignois, & j'opérai fur lui des effets fatisfaifants.

M. Buffon parut fatisfait de moi ; mais il le fut

bien autrement, lorfqu'à la fuite de ma vifite, il fentit un bien-être inconnu depuis long-temps. Il eut
recours à la protection de Monfeigneur le Comte
D'Artois, qui voulut bien me faire dire " qu'il defiroit que je traitaffe M. Buffon, fi toutefois je ne
craignois pas que cela compromît ma réputation.
Ce témoignage touchant d'intérêt ne me laiffa pas
la liberté du choix : je fis dire à M. Buffon que la
nature de fon mal ne me permettant pas de le traiter avec mes autres malades, il pouvoit fe loger
dans mon voifinage, où je lui confacrerois les moments que je pourrois dérober à mes occupations
ordinaires. Cet arrangement convint à M. Buffon.

J'obtins la ceffation de l'écoulement fanguinolent
& du dévoiement *colliquatif* : le polype tomba : le
nez dégroffit : l'œil rentra dans l'orbite : & même,
M. Buffon acquit des forces fuffifantes pour fe pro-
mener fur les boulevards ; mais, au moment critique, lorfque les points de fuppuration annoncés parurent, & que l'ouverture en eut été faite, je perdis tout efpoir. Les humeurs qui fe portoient fur la
plaie, f'organifoient à mefure qu'elles paroiffoient :
les progrès de la carie foupçonnée parurent à découvert ; & je ne pus obvier à l'épuifement occafionné
par la décompofition du fang & des humeurs.

Cependant, je ne difcontinuai pas mes foins à
M. Buffon. Il les aimoit : il les defiroit : il les folli-
citoit : je calmois fes douleurs. C'eft ainfi qu'en l'ac-
compagnant au tombeau, que je n'ai pu lui éviter,

je me fuis vu comblé de fes bénédictions ; j'ai adouci l'amertume de fes derniers moments, & j'ai reçu de fa famille éplorée les témoignages d'une fenfibilité non fufpecte.

On peut comparer ce récit avec celui de M. de Vauzefmes. Je reprends la narration de ce qui s'eft paffé dans l'affemblée de la Faculté de Médecine de Paris le 18 Septembre 1780.

La fatisfaction avec laquelle la lecture de M. de Vauzefmes avoit été accueillie, fit connoître à M. d'Ef-lon combien les efprits étoient échauffés. Il fentit l'inutilité de fe répandre en longs propos & la né-ceffité de fe renfermer dans fon objet.

Cependant avant d'entrer en matiere, il crut de-voir obferver que la maniere dont s'étoit expliqué M. de Vauzefmes, étoit également contraire à la di-gnité de la Compagnie, & aux égards que l'on fe doit mutuellement entre gens honnêtes. N'étant nul-lement préparé à la longue lifte d'inculpations con-tradictoires, d'allégations fauffes, & de faits con-trouvés qu'il venoit d'entendre, il pria la Compa-gnie de trouver bon qu'il n'entrât pour l'inftant dans aucune difcuffion à ces divers égards, & qu'il fe bornât à la lecture d'un difcours écrit dans des mo-ments, où la poffibilité de la fcene qui venoit de fe paffer ne devoit pas être préfumée. Quant au mé-moire de M. de Vauzefmes, il conclut à ce qu'il fût dépofé fur le bureau, foit pour en prendre com-munication en temps & lieu, foit pour y répondre, fi la Compagnie le defiroit. Ce point fut accordé. *

Avant de tranfcrire le difcours de M. d'Eflon, je dois faire remarquer qu'il eft effentiel de le mettre en oppofition de celui de M. de Vauzefmes; car fi M. d'Eflon a dit des chofes fenfées pendant que M. de Vauzefmes n'a dit que des injures & des abfurdités, il eft évident que la Faculté de Médecine de Paris, en accueillant M. de Vauzefmes & rejettant M. d'Eflon, a prononcé elle-même fa condamnation aux yeux de toute perfonne judicieufe.

M. d'Eflon tombe fans ménagement dans fon difcours fur la Société Royale de Médecine. Cette conduite, en apparence oppofée à fon caractere, eft cependant très-conféquente. Toujours contraire aux démarches inconfidérées de fa Compagnie dans cette affaire, il a toujours profeffé que la Société Royale étoit un établiffement nuifible. Dans fa Compagnie, dans le Public, devant les Fondateurs, foutiens, membres & protecteurs de cet établiffement, il a

---

* Le Mémoire de M. de Vauzefmes, quoique dépofé fur le bureau, doit avoir été altéré & corrigé en plufieurs endroits. Entre autres chofes, M. d'Eflon prétend, qu'au fujet de M. Buffon, il avoit été cité & puis lu une lettre de Madame Buffon à M. de Horne, où cette Dame fe louoit de mes foins & de mes effets. Cette lettre, M. de Vauzefmes la produifoit, pour prouver que puifque Mad. Buffon louoit M. Mefmer, il étoit évident qu'elle avoit été féduite par M. d'Eflon. Je ne fais pourquoi l'on a ôté cette caricature du Mémoire de M. de Vauzefmes. Elle n'y alloit pas mal.

toujours tenu le même langage. Rien n'a pu le faire varier ; & c'est ainsi qu'il a donné en exemple ce qu'il donnoit en principe dans les assemblées de la Faculté. Soyons fermes, disoit-il, & point séditieux. En cela, comme en MAGNÉTISME-ANIMAL, il prêchoit au désert.

D'ailleurs, on retrouvera M. d'Eslon dans son discours. Il s'y peint mieux que tout ce que je pourrois dire. Professant la vérité sans détour : mais ne négligeant aucun des moyens propres à la rendre agréable aux personnes pour lesquelles il parle, interpellant hautement ses Confreres, les pressant de rendre hommage à la vérité, les tenant, pour ainsi dire, dans un étau : mais ménageant avec le plus grand soin leur amour-propre, & leur donnant même des facilités pour sortir avec honneur du mauvais pas où leur imprudence les tenoit engagés. Cette sagesse fut en pure perte. MM. Bertrand, Malloët & Sollier crurent n'avoir rien à dire.

DISCOURS DE M. D'ESLON,

Prononcé en l'assemblée de la Faculté de Médecine de Paris, le 18 Septembre 1780.

MONSIEUR LE DOYEN, MESSIEURS,

„ J'AI sollicité l'assemblée de la Faculté pour vous entrete-
„ nir du MAGNÉTISME-ANIMAL. L'Auteur de cette dé-
„ couverte m'a prié d'être son organe auprès de vous, & de
„ soumettre à vos lumieres les moyens qu'il croit les plus pro-

„ pres à fixer invariablement les opinions fur l'importante vé-
„ rité qu'il annonce.

„ Depuis près de deux ans, Meſſieurs, j'ai ſuivi les expé-
„ riences du MAGNÉTISME-ANIMAL. Par quel motif ai-je
„ négligé, pendant ce long intervalle, de vous rendre compte
„ de ma conduite? Me ſuis-je diſſimulé mes devoirs? Eſt-ce
„ par honte d'une entrepriſe imprudente ou malhonnête que
„ j'ai paru fuir vos regards? ou bien ai-je prétendu vous ravir
„ & m'approprier la gloire d'accueillir une découverte utile
„ au bonheur des peuples?

„ Si vous daignez, Meſſieurs, me donner quelques mo-
„ ments d'attention, je me flatte que ma juſtification ne vous
„ laiſſera rien à deſirer. La ſuite & la liaiſon des faits vous
„ diront que je ne fus jamais plus ſérieuſement occupé de
„ vous prouver mon attachement & ma déférence.

„ M. Meſmer arriva dans cette Capitale au mois de Février
„ 1778. Je ne l'ai connu que dans le mois de Septembre ſui-
„ vant. A cette époque ſes relations avec l'Académie des
„ Sciences & la Société Royale de Médecine n'avoient plus
„ lieu. On étoit mécontent de part & d'autre; &, ſuivant l'u-
„ ſage, on s'attribuoit des torts réciproques.

„ Je n'entrerai pas dans le détail de ces diſcuſſions : l'hiſtori-
„ que en pourroit paroître long & déplacé. Il me ſuffira de vous
„ faire obſerver que lors de mes premieres liaiſons avec M. Meſ-
„ mer, l'amour-propre des deux Compagnies que je viens de
„ citer étoit intéreſſé à décrier la découverte du MAGNÉ-
„ TISME-ANIMAL. Leurs échos ne répétoient le nom de
„ M. Meſmer dans le Public que ſur le ton du mépris : la
„ prévention étoit générale; & prétendre à moi ſeul vaincre
„ autant d'obſtacles, auroit été le comble de la préſomp-
„ tion.

„ Il n'auroit pas été moins indiſcret d'engager M. Meſmer
„ à ſe rapprocher de vous ſans autres précautions; car il faut
„ convenir que ſes infructueuſes démarches auprès de deux

„ Corps avoués par l'Etat, n'étoient pas des titres favorables
„ à une nouveauté déja très-extraordinaire en elle-même.

„ Cependant les préventions n'étoient pas les seuls objets
„ à craindre. Il falloit prévoir & arrêter, s'il étoit possible,
„ les oppositions subséquentes de la Société de Médecine,
„ puisqu'il étoit vraisemblable qu'elle traverseroit les vues de
„ M. Mesmer en raison des procédés qu'elle s'étoit permis à
„ son égard.

„ En effet, Messieurs, on ne doit pas confondre la con-
„ duite de l'Académie des Sciences avec celle de la Société
„ de Médecine. Les torts de l'Académie ne font que des torts
„ de négligence : elle n'a dédaigné le MAGNÉTISME-ANI-
„ MAL que par défaut de réflexion suffisante, & pour n'avoir
„ pas considéré l'objet d'assez près. La Société de Médecine,
„ au contraire, en recherchant M. Mesmer, s'est attachée à
„ lui dans le dessein d'en tirer vanité. Si elle l'a rebuté de-
„ puis, c'est par une inconséquence inexcusable. En un mot,
„ on peut dire qu'elle s'est mêlée du MAGNÉTISME-ANI-
„ MAL tout exprès pour avoir un tort réfléchi.

„ Depuis, elle a tâché de pallier le vice de sa conduite en
„ reprochant des torts de forme à M. Mesmer, & en affec-
„ tant de supposer que ces imputations étoient sans replique.
„ Cela n'est point, Messieurs ; mais quand cela seroit, en au-
„ roit-on moins à lui opposer avec fondement, qu'elle a sa-
„ crifié les plus chers intérêts de la nation à de vaines & mi-
„ sérables prétentions ?

„ La vanité n'est pas le seul mobile qui puisse animer la So-
„ ciété contre le succès du MAGNÉTISME-ANIMAL. Voir
„ cette découverte réussir par vos soins lui seroit extrêmement
„ désagréable. Ce Corps ne peut se dissimuler qu'une Acadé-
„ mie oisive, dans une science pratique telle que la Médecine,
„ ne peut acquérir de consistance réelle en France que par
„ votre destruction ou votre entier avilissement. Ainsi donc,
„ par principe & pour l'intérêt de sa propre conservation, la

„ Société de Médecine doit s'oppofer avec ardeur à toute dé-
„ marche propre à vous concilier le fuffrage du Public & fon
„ eftime.

„ Ces craintes, Meffieurs, peuvent être traitées d'imaginai-
„ res; mais il vous fouvient fans doute, qu'au temps dont je
„ parle, la Société ne négligeoit rien pour effacer de la lifte
„ de vos droits tout ce qui a trait à la véritable théorie de la
„ Médecine; & que pour vous ôter tout efpoir de réfiftance,
„ elle étoit parvenue, par une coupable furprife de l'autorité,
„ à fe faire apporter vos régiftres, & à y biffer tous ceux de
„ vos décrets qui ne lui plaifoient pas.

„ Telles étoient, Meffieurs, les circonftances lorfque je
„ fongeai, pour la premiere fois, à faire paffer par vos mains
„ la plus importante découverte qui jamais ait étonné l'efprit
„ humain.

„ Suppofons, Meffieurs, que je vous euffe alors préfenté
„ M. Mefmer, & que dédaignant les clameurs élevées, vous
„ euffiez attaché vos regards éclairés fur le MAGNÉTISME-
„ ANIMAL : nul doute affurément que vous n'euffiez bientôt
„ reconnu toute l'importance de la découverte; mais croyez-
„ vous que la Société de Médecine humiliée auroit vu d'un
„ œil tranquille vos démarches bienfaifantes ? croyez-vous
„ qu'elle n'auroit pas tout mis en œuvre pour les traverfer,
„ & s'il l'avoit fallu, pour étouffer dans fa naiffance une vé-
„ rité déplaifante ? croyez-vous enfin que fi elle n'avoit réuffi
„ dans aucun de ces projets, elle n'auroit pas cherché à flétrir
„ la palme que la Nation fe feroit empreffée de décerner à vos
„ foins généreux ?

„ Chacun peut à cet égard avoir fon opinion particuliere.
„ Moi je penfai qu'il y auroit de l'imprudence à courir de
„ pareils rifques, & qu'avant tout, il étoit néceffaire d'op-
„ pofer l'opinion publique pour barriere, foit aux adverfaires
„ du MAGNÉTISME-ANIMAL, foit aux vôtres.

„ Voilà, Meffieurs, de quels principes je fuis parti pour

engager

,, engager M. Mesmer à s'attacher au Public, en se tenant
,, en même temps aussi près de vous que les circonstances le
,, permettroient, de maniere à former insensiblement les liens
,, par lesquels je me flattois de vous unir un jour.

,, Dans le premier objet, M. Mesmer s'entoura de ses œuvres;
,, les faits parlerent : chaque jour, il s'éleva quelque voix en
,, faveur de la vérité. L'incrédulité fut ébranlée, les doutes
,, éclaircis : la persuasion gagna de tous côtés : enfin, Mes-
,, sieurs, il n'est plus temps aujourd'hui de faire servir la
,, singularité du système à nier la possibilité de la décou-
,, verte.

,, Dans le second objet; c'est-à-dire, Messieurs, dans l'in-
,, tention de rapprocher M. Mesmer de vous, j'assemblai
,, chez moi douze de vos Membres. (Ils sont ici, ou
,, bien ils peuvent y être.) Là M. Mesmer vous fit, en leurs
,, personnes, hommage du Mémoire analytique de sa métho-
,, de, encore manuscrit. Depuis l'impression, il en a fait pas-
,, ser à votre Doyen, lors en charge, un exemplaire accom-
,, pagné d'une lettre obligeante pour la Compagnie.

,, Nous ne nous en tinmes pas, dans cette assemblée, à la
,, lecture du Mémoire de M. Mesmer : nous fîmes un pas
,, de plus, en convenant de nous rendre avec lui dans un
,, Hôpital pour y voir des expériences confirmatives de sa
,, méthode.

,, Malheureusement, il est très-difficile dans cette Capitale
,, de réunir à point nommé un nombre aussi considérable de
,, personnes que le Public ne cesse d'appeller de tous côtés.
,, Les effets de notre résolution traînerent en longueur. M'ap-
,, percevant enfin que je perdois mon temps en vains desirs,
,, je crus devoir changer mes mesures.

,, Je proposai à MM. Bertrand, Malloët & Sollier de sui-
,, vre avec moi divers traitements de maladies par le MA-
,, GNÉTISME-ANIMAL. Vous n'ignorez pas, Messieurs,
,, que cet arrangement a eu lieu pendant sept mois & demi

M

„ consécutifs, après lesquels nous nous sommes séparés. J'ai
„ resté seul auprès de M. Mesmer.

„ On a diversement interprété cette séparation ; car on se
„ plaît toujours à supposer des motifs extraordinaires aux
„ événemens les plus simples. Le fait est, Messieurs, que
„ nos trois Confreres en avoient assez vu pour avoir une
„ opinion décidée, & pour répondre avec connoissance de
„ cause aux personnes en droit de les interroger.

„ Quoi qu'il en soit, la lenteur de notre marche avoit fa-
„ vorablement disposé les esprits ; & cela devoit être ainsi,
„ puisqu'un long & sérieux examen suppose nécessairement
„ une question susceptible d'être examinée.

„ J'ai cru devoir profiter des circonstances pour achever,
„ autant qu'il étoit en moi, de fixer l'attention publique
„ sur cet objet. Je publiai mes observations sur le MAGNÉ-
„ TISME-ANIMAL ; & je me flatte de n'avoir pas entière-
„ ment perdu mes peines, puisque cette découverte est au-
„ jourd'hui le sujet des entretiens les plus vifs & les plus
„ répétés.

„ Il ne me restoit plus alors, Messieurs, qu'à vous présen-
„ ter les propositions que M. Mesmer m'a remises pour vous
„ être communiquées ; mais ayant bientôt acquis l'assurance
„ que ma conduite donnoit lieu à des murmures dans ma Com-
„ pagnie, je crus utile de suspendre ma démarche, dans la
„ crainte que votre indisposition contre moi ne fît tort à la
„ mission dont j'étois chargé. J'étois confirmé dans cette
„ opinion par la connoissance de plusieurs entretiens secrets,
„ où il étoit assez vivement délibéré sur la maniere dont je
„ devois être traité. Enfin un de mes Confreres a justifié ma
„ prévoyance, en me dénonçant formellement dans une de
„ vos assemblées. *

---

* On voit que M. d'Eslon parle ici de la premiere dénonciation
de M. de Vauzesmes que la Faculté ne voulut pas écouter.

„ Je n'entreprendrai pas, Messieurs, de vous dire combien
„ j'ai été pénétré de l'accueil que vous avez bien voulu
„ faire à cette dénonciation. Vous avez sans doute pensé
„ que mon attachement pour vous étoit inviolable. J'ose
„ vous assurer qu'il le sera toujours.

„ Ce témoignage expressif de votre confiance, Messieurs,
„ me porte à supprimer, comme inutiles, tous les articles
„ de ma justification qui n'ont pas directement trait à l'his-
„ toire du MAGNÉTISME-ANIMAL. Ce n'étoit pas ma
„ premiere intention. Je desirois écarter le reproche de n'a-
„ voir pas assez respecté vos statuts.

„ Si quelques personnes concluoient de mon silence que je
„ suis bien-aise d'éluder un éclaircissement délicat, elles se
„ jetteroient volontairement dans l'erreur. Je suis & serai tou-
„ jours prêt à répondre non-seulement aux interrogations de
„ ma Compagnie, mais même à celles de tous mes Con-
„ freres sans exception.

„ Je ne leur demanderai pour toute grace que de vouloir
„ bien s'assujettir à traiter sérieusement une matiere sérieuse.
„ En effet, Messieurs, rien de plus sérieux que la découverte
„ du MAGNÉTISME-ANIMAL. Daignez, je vous prie,
„ me prêter toute votre attention.

„ M. Mesmer avance dans son mémoire sur cette découverte
„ que LA NATURE OFFRE UN MOYEN UNIVERSEL
„ DE GUÉRIR ET DE PRÉSERVER LES HOMMES.

„ Cette assertion, toute extraordinaire qu'elle est, ne me
„ paroît qu'une induction juste, & même nécessaire, des faits
„ nombreux dont j'ai été le témoin. Cependant, pour ne rien
„ hasarder sur la parole d'autrui, & pour écarter jusques à
„ l'ombre du système, je me réduis à poser en principe inva-
„ riable : QUE LA NATURE OFFRE DANS LE MAGNÉ-
„ TISME-ANIMAL UN MOYEN GÉNÉRALEMENT UTILE
„ À LA GUÉRISON DES MALADIES.

„ La proposition, ainsi réduite, il seroit superflu de faire

,, remarquer dans une aſſemblée telle que celle-ci , com-
,, bien elle eſt encore en oppoſition à toutes |nos connoiſ-
,, ſances antérieures ; combien cette découverte étoit ineſ-
,, pérée, & combien il ſeroit à deſirer qu'elle vînt prompte-
,, ment au ſecours de notre inſuffiſance journaliere.

,, Ce n'eſt pas le moment d'examiner ſi je ſuis dans l'er-
,, reur ou non; mais il eſt très-important d'obſerver que ſi
,, MM. Bertrand, Malloët & Sollier, qui ont ſuivi avec moi
,, les expériences du MAGNÉTISME-ANIMAL , ſe ſont
,, renfermés dans un ſilence circonſpect, ils n'ont cependant
,, jamais nié l'exiſtence de la vérité que j'affirme. J'en dirois
,, davantage, ſi je ne devois leur laiſſer le ſoin de faire valoir
,, leur opinion lorſqu'ils y ſeront formellement invités, ainſi
,, qu'ils s'y attendent, ou qu'ils le ſouhaitent depuis long-
,, temps.

,, Il ne faut donc pas conclure de leur circonſpection que
,, je ſuis ſeul de mon avis; mais bien, au contraire, que voilà
,, néceſſairement quatre de vos Membres qui deſirent avec
,, ardeur qu'on porte l'attention la plus ſérieuſe à tout ce
,, qui concerne le MAGNÉTISME-ANIMAL.

,, Quelle force ne doivent pas avoir nos voix réunies, s'il
,, eſt vrai, Meſſieurs, ainſi que nous nous en flattons, que
,, vous ne nous jugiez pas indignes de votre eſtime!

,, A la voix de vos Confreres ſe joint celle de la Nation.
,, Depuis des ſiecles elle nous fit dépoſitaires de ſes intérêts
,, les plus chers. L'œil fixé ſur nous, elle attend aujourd'hui
,, le prix de ſa confiance. Nous refuſerons-nous à ſes deſirs,
,, nous qui dans tous les temps l'avons aſſurée d'un dévoue-
,, ment à toute épreuve?

,, Enfin le cri de l'honneur nous preſſe de ne pas laiſſer à
,, d'autres mains le ſoin d'une action généreuſe & utile.

,, Auſſi, Meſſieurs, la poſſibilité de la découverte admiſe,
,, je mettrois au nombre des ſuppoſitions criminelles la ſeule
,, penſée de votre inſouciance.

„ Ces hautes confidérations ne me permettent aucun doute
„ fur le parti que vous allez prendre aujourd'hui. Je ne crai...s
„ pas de vous annoncer que les propofitions de M. Mefmer
„ font étrangeres à vos ufages, & que néanmoins j'incline
„ fort à penfer qu'elles devroient être acceptées fans reftriction.

„ Je m'explique, Meffieurs.

„ Il entre dans les projets de M. Mefmer de ne dépofer fa
„ découverte qu'entre les mains du Gouvernement. Quels que
„ foient fes motifs, cette difpofition doit être au moins ref-
„ pectée.

„ Il penfe que le Gouvernement ne peut raifonnablement
„ ftatuer en pareille matiere qu'à l'aide des vrais Savants.

„ Moins étranger à nos inftitutions que lors de fon arrivée
„ en France, il reconnoît que la Faculté de Médecine de Pa-
„ ris eft le feul digne médiateur d'une négociation aufii im-
„ portante.

„ Il croit que s'il eft de votre honneur de feconder les
„ vues du Gouvernement, il vous feroit encore plus glorieux
„ de provoquer fon attention. En conféquence, il penfe vous
„ devoir laiffer tout l'honneur des premieres démarches.

„ Ces démarches confifteroient à folliciter l'attache du Gou-
„ vernement, & la préfence de fes délégués aux expériences
„ du MAGNÉTISME-ANIMAL.

„ Les expériences; M. Mefiner defire les établir par un
„ examen comparatif des méthodes ordinaires avec fa mé-
„ thode particuliere; c'eft-à-dire, Meffieurs, qu'il vous pro-
„ pofe de prendre à votre choix un certain nombre de ma-
„ lades. Vous en feriez traiter moitié fous vos yeux : il trai-
„ teroit l'autre moitié fuivant fa méthode; & la comparaifon
„ des effets falutaires dicteroit la décifion propre à guider le
„ Gouvernement dans fes vues paternelles.

„ Telles font en abrégé les propofitions de M. Mefmer. Je
„ n'y vois rien, Meffieurs, qui puiffe bleffer votre délica-
„ teffe; mais j'y vois le moyen le plus fûr d'ajouter à l'éclat

M 3

„ de votre gloire en donnant à la génération préfente & aux
„ générations futures des preuves de votre zele pour la vé-
„ rité, de votre amour pour l'humanité, & de votre recon-
„ noiffance envers la Nation qui vous commit le foin pré-
„ cieux de fa confervation.

„ Je vais, Meffieurs, procéder à la lecture détaillée des
„ propofitions de M. Mefmer. Après quoi j'en laifferai fur le
„ bureau une copie fignée de leur Auteur. J'y joindrai, Mef-
„ fieurs, copie de ce que je viens d'avoir l'honneur de vous
„ lire.

Fin du Difcours de M. d'Eflon.

M. d'Eflon lut effectivement mes propofitions,
les annexa à fon difcours, les dépofa fur le bureau
fignées de lui, & fortit pour laiffer délibérer. Lorfqu'il rentra, le Doyen lui fit lecture d'un décret
portant la délibération fuivante.

1°. Injonction d'être plus circonfpect à l'avenir. 2°. Suf-
penfion pendant un an de voix délibérative dans les affemblées de la Faculté. 3°. Radiation, à l'expiration de l'année,
du tableau des Médecins de la Faculté, s'il n'avoit à cette
époque défavoué fes obfervations fur le MAGNÉTISME-
ANIMAL. 4°. Les propofitions de M. Mefmer rejettées. *

---

* J'ai lu une expédition informe de ce décret. Il n'y étoit pas
queftion du quatrieme article ; c'eft-à-dire, de mes propofitions. Il
feroit inutile de s'occuper de ces variantes. Que la Faculté ait
rejetté mes propofitions par un prononcé pofitif ou par un filence
abfolu, cela revient exactement au même. — Au premier article
du décret portant *injonction d'être plus circonfpect*, on avoit ajouté
ces mots : *dans fes écrits à l'égard de la Faculté.* Comme M. d'Eflon n'a jamais écrit *à l'égard de la Faculté*, on ne fait ce que cela
vaut dire. — Ces altérations ou corrections de pieces originales,

Je laiffe à juger pour qui ce décret eft déshono-
rant : pour M. d'Eflon infulté, ou pour la Faculté
infultante. Cependant, j'ai tant cité M. d'Eflon,
que je crois devoir ajouter quelques mots fur les
fuites que cette affaire peut avoir pour lui.

La Faculté de Médecine de Paris ne peut ex-
clure de fon fein un de fes Membres, qu'après trois
délibérations en forme prifes dans trois affemblées
différentes. Les réfultats de la premiere & de la feconde n'ont ni valeur, ni force, ni effet. La troi-
fieme affemblée feule fait loi, foit qu'elle infirme,
foit qu'elle confirme ce qui s'eft paffé dans les deux
autres. Comme il ne s'eft tenu, au fujet de M. d'Eflon que deux affemblées, ce qui a été délibéré eft
comme non-avenu, à l'infulte près. Il n'eft pas fuf-
pendu : il n'eft pas rayé : il n'eft privé d'aucun de
fes droits. Il n'a pas défavoué fes obfervations fur
le MAGNÉTISME-ANIMAL : il ne les défavouera
pas ; & néanmoins, il eft grandement à préfumer
que la Faculté, éclairée fur fes intérêts par le blâme
public, ne s'empreffera pas de mettre la derniere
main à fon propre déshonneur, en tenant la troi-
fieme affemblée. S'il en arrivoit autrement, tant pis

&, pour ainfi dire, facrées, ne doivent pas furprendre. La Faculté
eft fi bien ordonnée, qu'elle n'a feulement pas de regiftres. Toutes
les chofes de ce genre font infcrites fur papiers volants, qui fe tiennent fous la clef du Doyen en charge. Pour peu que cette clef
foit confiée, on fent combien les falfifications font faciles.

M 4

pour elle. Autant que je puis m'y connoître, elle en auroit tous les désagréments.

On a vu la peine que l'on avoit eue à obtenir de M. Le Vacher de la Feutrie la premiere assemblée. Il se refusa à la seconde, & ne l'accorda qu'à la sollicitation d'un Membre de la Faculté qui se flattoit, disoit-il, de ramener ses Confreres à une conduite moins inconsidérée. Le succès ayant trompé cette espérance, M. Le Vacher protesta que, sous aucun prétexte quelconque, il ne convoqueroit pas la troisieme assemblée. Il a tenu parole. M. Philip, son successeur, passe pour homme sage. Il est à croire qu'il ne se compromettra pas légérement dans une affaire aussi publique. Quoi qu'il en soit, ce n'est pas à moi à prophétiser sur sa conduite ni sur celle de M. d'Eslon.

RÉFLEXIONS HISTORIQUES

Servant de conclusion à cet Ouvrage.

NE jugeant pas convenable de laisser à la Faculté de Médecine de Paris la liberté de publier & colorer à sa guise nos procédés respectifs, j'avois fait insérer mes propositions à cette Compagnie dans le Journal de Paris, & j'y avois joint une lettre indicative de ce qui s'étoit passé. *

---

* Le Journal de Paris est entre les mains de tout le monde ; mais aucun Journaliste n'a cru devoir y remarquer mes proposi-

Cette publicité fit révolution dans les idées. Jufqu'alors ma découverte n'avoit été qu'une chimere.
Tout-à-coup, elle acquit une exiſtence réelle aux
yeux des Médecins de tous les partis ; mais ils crurent
comme ils avoient nié : fans examen & fans bonne-foi.

On a cité le mot d'un homme célebre en Médecine plutôt que célebre Médecin : " La décou-
„ verte du MAGNÉTISME-ANIMAL eſt belle, a-
„ t-il dit, mais elle eſt dangereuſe entre les mains
„ de M. Meſmer : il ne fait pas la manier : c'eſt
„ un raſoir entre les mains d'un enfant. Sur quoi ce
faiſeur de bons-mots juge-t-il l'étendue de mes connoiſſances dans une ſcience qu'il ne connoît pas ?
D'où fait-il que j'ai une découverte, lui qui n'y a
jamais regardé ? Comment peut-il décider ſi elle eſt
belle ou laide, falutaire ou dangereuſe ? Il y a entre lui & moi une diſtance que fa légéreté ne faura
jamais franchir. Qu'il change les Dames de Paris
en balayeuſes & en frotteuſes d'appartements, voilà
ſon rôle ; mais pour le bonheur du monde & l'honneur de la raiſon, qu'il s'en tienne là.

Les Médecins de la Faculté ont tâché d'inſinuer
au Public, qu'un particulier n'eſt pas recevable à fe
meſurer avec une Compagnie par des propoſitions
telles que les miennes. Leur prétention a eu peu
de vogue, parce qu'ils ont oublié de dire fur quel
principe raifonnable ils la fondoient.

---

tions ; enforte qu'elles n'ont été inférées en France dans aucun autre papier Public.

Ils ont été plus heureux en calomnie qu'en raifonnements. La calomnie a cela de commode, qu'elle
n'exige ni bon fens, ni efprit, ni réflexion.

Il ne faudroit, par exemple, qu'une réflexion
médiocre pour fentir qu'il n'y a ni bon fens ni efprit à inculper ma maifon d'indécence en aucun
genre. La contenance & les accents de la douleur
ne font pas indécence ; & il y a de l'abfurdité dans
la fuppofition que des gens de tous états, de tout
âge, de tout fexe fe raillient chaque jour au fignal
de la douleur pour choquer les mœurs ou les bien-
féances.

Chez moi, comme par-tout ailleurs, le rire &
les pleurs contractent immanquablement les mufcles
du vifage. Prétendre ridiculifer ces effets en les défignant par des noms ridicules, c'eft être ridicule
foi-même.

Si dans les plus vives douleurs, on n'y entend
aucune de ces expreffions groffieres dont les gens
de la plus haute volée faliffent fi aifément ailleurs
leur fuperbe langage : fi la gaieté ne s'y répand
pas en propos fadement équivoques, qui d'une pla-
titude extrême s'ils ne fignifient rien, ne font bons
qu'à indigner la pudeur s'ils fignifient quelque chofe : fi enfin la religion eft inviolablement refpectée
dans les difcours ; il eft peut-être peu de Sociétés
dans Paris en état de foutenir le parallele avec celle
qui fe rend dans ma maifon.

Que la fierté des gens de haut rang foit choquée

du mêlange d'état & de conditions que l'on trouve chez moi : cela ne m'étonne pas ; mais je n'y fais rien. Mon humanité eſt de tous les rangs ; & il n'eſt pas en moi de chérir aucun de mes foins au-delà de ceux que j'ai accordés au paralytique qui fait mes commiſſions, ou de ceux par leſquels j'ai arraché des bras de la mort mon fidele & affectionné domeſtique.

De toutes les claſſes d'hommes, celle des Grands conviendroit le moins à mes goûts. Ils ne favent en général folder le compte des bienfaits reçus qu'en argent ou en fauſſes proteſtations, & non en reconnoiſſance ou en amitié. Quelques exceptions particulieres que je croirois pouvoir citer, ne détruiroient pas la folidité du principe.

Il n'a tenu qu'à moi de n'admettre à mes traitements que des perfonnes de nom ; mais quelques avantages que l'on m'ait fait entrevoir dans cet arrangement, je n'ai pu me réſoudre à ce triſte eſclavage.

Par-tout où l'on trouvera des hommes raſſemblés, on trouvera des intérêts divers, de petites diviſions, de miſérables intrigues, des tracaſſeries. Comment n'y en auroit-il pas chez moi ? les trônes en font environnés. Je n'ai jamais jugé à propos d'y faire une attention férieuſe ; bien perfuadé qu'en ces occaſions les puérilités du lendemain font toujours oublier les puérilités de la veille.

Il eſt encore poſſible que dans le grand nom-

bre de perfonnes qui ont fuivi mes traitements, on
en compte dont la conduite n'a pas toujours été
exempte de reproches. Je ne les connois pas : je
ne puis être juge des actions particulieres : les foins
d'un Médecin ne peuvent dépendre d'une informa-
tion de vie & de mœurs : qu'on refpecte ma maifon & la délicatefle des perfonnes qui s'y rendent,
c'eft tout ce que je puis exiger.

Les noms de Montmorency, de De Nefle, de
Chevreufe, de Puifégur, &c. fe trouvoient chez moi
en Compagnie d'Officiers-Généraux, de Militaires
de tous les rangs, de gens en place, de perfonnes
attachées immédiatement au fervice du Sang Royal,
lorfque la Noblefle Françoife n'a pas trouvé mauvais
que des Médecins ofaffent parler hautement de ma
maifon comme d'un mauvais lieu, & lorfque, pour
plaire à ces ames étroites, elle a fans réflexion
adopté & répandu leurs malhonnêtetés étudiées.

O Chevaliers François! qu'eft devenue votre antique fierté? Du temps de votre fuperbe ignorance,
vous n'auriez pas vu d'un œil indifférent vos palais
fe changer en atteliers ténébreux de contrefactions
littéraires. Vous n'auriez pas vu tranquillement une
Princefle, le petit-fils d'un Maréchal de France, le
Chef d'une de vos Légions, le Compagnon des travaux & des dangers d'un de vos Amiraux, s'occuper
avec quelques affociés moins connus, à ufurper le
fruit de mes veilles, épier par eux-mêmes ou par
leurs Emiffaires ce qui fe pafle chez moi, interroger

la fimplicité de mes valets, fe vanter prématuré-
ment du fuccès, annoncer la lecture de leurs Mémoires à l'Académie des Sciences, boire d'avance
la honte d'une défaite ridicule ou d'un triomphe
revoltant. O Chevaliers François ! recevez cette
mortifiante leçon d'un Savant obfcur, qui ne defire
d'autre illuftration que celle de vous être utile. C'eft
lui qui vous crie : O Chevaliers François! qu'eft
devenue votre antique fierté ?

Ce que j'ai trouvé, un autre peut le trouver également, fur-tout depuis que j'ai mis en quelque
forte fur la voie, en prouvant la poffibilité du fuccès; mais n'eft-il pas inconféquent de rejetter une
vérité que j'offre entiere pour la recevoir par lam-
beaux ? Cela ne peut-il pas être dangereux? Les
perfonnes qui cherchent & les perfonnes qui fouffrent paifiblement que l'on cherche, ont-elles bien
pefé les conféquences de leur conduite? Je leur
laiffe la décifion. Quant à moi, je ne faurois dire
combien il m'eft devenu indifférent que l'on par-
vienne à me pénétrer, pourvu que l'on ne puiffe pas
m'accufer de m'être laiffé pénétrer par indifcrétion. *

Perfonne, fans difficulté, n'eft plus intereffé que

---

* Les prétendus imitateurs de ma méthode ont établi dans leurs
hôtels des bacquets femblables à celui que l'on voit dans la falle
de mes traitements. S'ils ne favent que cela, ils font peu avancés.
Il eft à préfumer que fi j'avois un établiffement commode, je fup-
primerois les bacquets. En général, je n'ufe des petits moyens que
lorfque j'y fuis forcé.

les premiers Médecins du Roi à la réalité & à la
prompte jouiſſance de ma découverte. Les devoirs
les plus ſacrés, le reſpect, la reconnoiſſance,
l'amour, tout ſe réunit pour leur rappeller ſans
ceſſe qu'ils tiennent entre les mains la balance où
doit ſe peſer un jour, peut-être dans l'heure, la deſ-
tinée des Souverains du monde. Une ſeule de leurs
erreurs, une ſeule de leurs inattentions peut changer le ſort de pluſieurs Empires. Uniquement par
leur faute, des millions d'hommes, heureux aujourd'hui, peuvent être malheureux demain. Qu'on
y réfléchiſſe un moment, & l'on reconnoîtra qu'un
premier Médecin des Rois, indifférent ſur un nouveau moyen de conſerver le ſang de ſes maîtres,
doit vivre, accablé de leurs bienfaits, dans un en-
gourdiſſement inconcevable.

J'ai rendu compte de la conduite qu'avoit tenu
à mon égard M. Stoërck en Allemagne. J'ai à parler de M. de Laſſonne, premier Médecin de Leurs
Majestés en France.

On a pu entrevoir qu'en 1778, je n'avois pas
été ſatisfait de l'accueil de M. de Laſſonne. De-
cidé à ne plus le rechercher, je ne m'aviſai ſeule-
ment pas de lui, lorſque ma rupture avec la Faculté
de Médecine de Paris me fit enviſager la néceſſité
de rechercher enfin directement le Gouvernement.
M. d'Eſlon ne s'occupa pas plus que moi de M. de
Laſſonne, & me rendit en ces circonſtances les mêmes ſervices que par le paſſé. Les apparences

étoient pour le ſuccès ; mais lorſque je voulus me préſenter moi-même, je trouvai qu'on avoit embarraſſé les avenues de maniere à m'empêcher de pénétrer plus loin.

Je ſais de quelle circonſpection on doit uſer lorſqu'on parle des Gouvernemens. Heureuſement, rien ne me force au ſilence. Ce que j'ai à dire ne peut ſervir qu'à prouver combien doit être embarraſſé le Miniſtere d'un Etat ordonné ſur des maximes uſuelles, lorſque les Agents ſubalternes ſe croient intereſſés à mettre des entraves à ſa marche. Si je n'ai pas eu en France le ſuccès que ma longue perſévérance devoit me promettre, on va voir que je n'ai certainement pas à me plaindre du Gouvernement. Peut-être ne s'eſt-il jamais autant avancé qu'en faveur de la vérité que je préſente.

Le dégoût qu'on venoit de me donner me fut extrêmement ſenſible. Après tant de contradictions, après trois ans de combats publics, n'être pas plus avancé que le premier jour, me parut inſupportable. Je me laiſſai aller au découragement, & ne ſongeant qu'au repos, je communiquai à M. d'Eſlon la réſolution de quitter mes malades dès le lendemain. Notre conférence fut auſſi vive que longue. Elle ſe termina par nous céder réciproquement quelque choſe. Je conſentis à conſerver juſqu'au printemps les malades dont j'étois chargé, à la condition de n'en pas augmenter le nombre, & de renoncer aux conſultations. Je dois mettre le

Lecteur au fait de ma répugnance pour les conſultations.

M. d'Eſlon penſe que je devrois m'y prêter par
devoir, tandis que je ne l'ai jamais fait que par
complaiſance. Il fonde ſon opinion ſur ce que mes
ſimples conſultations ont opéré de temps à autre
des guériſons vraiment intéreſſantes. A ſon avis, cette
conſidération doit prévaloir ſur toutes les autres. *

Moi, je trouve que mes conſultations viſent trop
au charlataniſme. Examiner des malades, les toucher, ne leur faire rien éprouver, ou leur occa-
ſionner des effets plus ou moins ſenſibles, leur indiquer de mon mieux le ſiege de leur mal, &
finir, ſi je crois leur guériſon poſſible, par leur annoncer que je ne puis l'entreprendre faute d'emplacement, &c. voilà à-peu-près ce qui ſe paſſe à mes
conſultations : ce qui me paroît très-peu ſatisfaiſant
pour les malades : & ce qui eſt très-fatigant pour
moi. Il ſeroit impoſſible d'y tenir indéfiniment.
C'eſt un ſupplice auquel on peut ſe condamner
tout au plus pour deux ou trois mois.

D'ailleurs, les vraies guériſons en ce genre ſont

rares,

---

* J'ai cité une de ces cures ſur le rapport du Révérend Pere Gé-
rard. M. d'Eſlon *p. 81. de ſes Obſervations ſur le* MAGNÉTISME-
ANIMAL, en cite une autre ſous le nom de *Rhumatiſme dans la
tête.* Cette derniere a été faite ſur M. Noverre, Compoſiteur célé-
bre de ballets de caractere. Je pourrois parler de pluſieurs autres ;
mais la plupart ne me ſont connues que ſur rapports dont je n'ai
eu ni le loiſir ni le deſir de vérifier l'exactitude.

rares, & elles ont ce défavantage, qu'elles donnent naiſſance aux contes les plus abſurdes. Que de per-ſonnes ſenſées, du moins elles paſſent pour telles, ſont venues me conſulter dans l'opinion que je de-vois les guérir ſubitement au doigt & à l'œil, & ſe ſont retirées en colere de ce que je ne rempliſ-ſois pas leur eſpoir !

Je ne nie cependant pas qu'en ſoi les conſulta-tions ne ſoient choſe merveilleuſe, & je conviens qu'elles doivent être chéries en Médecine. C'eſt une mine d'or : l'argent afflue de tous les côtés, & du train dont les choſes alloient, je ne ſaurois que faire de mon argent ſi j'avois continué cet excellent métier.

Cependant M. d'Eſlon tâchoit de renouer la né-gociation. Tout d'un coup j'apprends avec certi-tude que M. de Laſſonne déclare, de maniere à ne pouvoir plus ſe rétracter, qu'il eſt convaincu de l'exiſtence & de l'utilité de ma découverte. D'un autre côté M. d'Eſlon reçoit pour réponſe qu'il eſt juſte de s'adreſſer à M. de Laſſonne, & que celui-ci ſoit chargé de dreſſer & préſenter le plan de l'ac-cueil à faire à ma découverte.

Il exiſtoit entre M. de Laſſonne & M. d'Eſlon d'anciennes cauſes d'éloignement. Il n'y parut pas : ſoit par écrit, ſoit de vive voix, M. d'Eſlon fit tou-tes les démarches néceſſaires, & certainement M. de Laſſonne n'a pas eu à s'en plaindre. Moi-même, lorſque je jugeai le temps propice, je m'abouchai avec ce premier Médecin.

N

Dans le commencement de la négociation, M. de Laſſonne étoit embarraſſé pour dreſſer un plan. Cela ne doit pas étonner : en trois ans il n'avoit pas eu le temps d'apprendre un mot de mon affaire ; & ce qui me frappa davantage, il n'en paroiſſoit pas plus preſſé de s'inſtruire. M. d'Eſlon a propoſé pluſieurs fois inutilement à M. de Laſſonne de voir par lui-même.

Pour mettre ce dernier au fait, M. d'Eſlon lui donna un Mémoire où il diſoit :

Que dans les commencements de mon ſéjour en France, je m'étois flatté de diriger les événements ; mais que les eſſais en ce genre n'ayant pas été heureux, j'en avois perdu l'eſpoir & le deſir.

Que la perte d'un temps précieux pendant trois années entieres m'avoit déterminé à négliger ou rejetter toute propoſition qui ne ſeroit pas déciſive.

Que je ne prendrois pas avec le Gouvernement un demi-engagement.

Que mon intention étoit de me lier par un contrat indiſſoluble juſqu'à l'entier accompliſſement des conditions y portées ; ou de reſter maître abſolu de ma liberté, de maniere, par exemple, à pouvoir quitter la France du ſoir au lendemain, ſi bon me ſembloit, ſans crainte d'aucun obſtacle légitime ou de reproches fondés.

Que la froideur avec laquelle on avoit vu la conduite de la Faculté de Médecine à mon égard, avoit paſſé juſqu'à moi. Que depuis ce temps-là je conſentois bien que l'on eſtimât ma découverte, mais que je ne prétendois plus y forcer perſonne.

Que je verrois ſans doute avec ſatisfaction que l'on s'occupât à vérifier les faits exiſtants, mais que je n'en ferois pas une affaire eſſentielle pour moi; que moins encore je me porterois à faire éclorre de nouveaux faits : en réſumé, qu'on pouvoit ſe convaincre, mais que je ne voulois plus convaincre.

Que les preuves néceſſaires pour conſtater en forme authentique l'efficacité du MAGNÉTISME-ANIMAL, dans la guériſon des maladies, quoique éparſes, pouvoient ſe raſſembler en quantité ſuffiſante.

Qu'il ne s'agiſſoit que de vouloir, & qu'on trouveroit des moyens propres à lever toutes les difficultés.

Que le Gouvernement pouvoit nommer des Commiſſaires, non pour examiner mes procédés, non pour ſe concilier avec moi; mais pour prendre connoiſſance des faits notoires, & en rendre compte.

Que, ce parti pris, il étoit de préſomption que je ne me refuſerois pas à toute complaiſance. Des gens vraiment honnêtes devant trouver néceſſairement un retour d'honnêteté dans un homme qui penſe.

Que, ſi je m'y refuſois, cela reviendroit au même, puiſqu'en effet il n'importoit pas de mon conſentement pour ſavoir à quoi s'en tenir ; que je n'é-

tois pas le maître que ce que j'avois fait ne fût pas
fait.

Que les Commissaires du Gouvernement pourroient choisir dans le nombre des faits, ceux qui leur
paroîtroient les plus remarquables, & que la vérification pourroit s'en faire par des moyens jugés
raisonnables.

Que si ses soins à lui M. d'Eslon étoient jugés nécessaires, soit pour retrouver les personnes ou les
papiers relatifs, soit pour engager les malades à se
présenter, soit pour accompagner les plus timides, &c.
on le trouveroit toujours prêt.

Que les faits ainsi constatés, le Gouvernement
sauroit à quoi s'en tenir, & pourroit apprécier les
moyens de faire jouir l'humanité des avantages annoncés en me fixant en France.

Que lorsque je me refusois constamment à prouver
l'action du MAGNÉTISME-ANIMAL par des expériences instantanées, je paroissois, d'après les errements ordinaires, en agir déraisonnablement ; mais
que cette façon de penser n'est pas exacte, parce que
le résultat de ces expériences ne pouvant être assuré,
il seroit au moins indiscret d'en faire dépendre aucune conclusion au désavantage de la découverte.
En effet le résultat dépend de l'organisation actuelle
du malade sur lequel l'expérience a lieu, ensorte
que si l'état du malade change de la veille au lendemain, l'effet doit être différent ou nul ; qu'on m'a-
voit vu hasarder plusieurs fois quelques essais en-

vers des perfonnes non avouées, & qui par conféquent n'auroient pu tirer des inductions très-dange-
reufes de réfultats peu concluants; mais que le fruit
de ces complaifances n'avoit pas été encourageant;
qu'ayant fait nommément des expériences très-ex-
traordinaires pour la conviction de quatre Médecins
connus qui fuivoient mes .traitements , & ceux-ci
s'étant refufés à l'évidence, je pouvois bien fans humeur ne vouloir pas courir de pareils rifques, dans
des moments où cela pourroit tirer à la plus grande
conféquence.

M. d'Eflon finiffoit fon Mémoire en indiquant le
genre d'interrogations que les Commiffaires du Roi
pouvoient faire aux malades. Comme je ferai obligé
d'en parler ci-après, j'en fupprime ici le détail.

Lorfque M. d'Eflon me communiqua ce Mé-
moire, je l'autorifai à dire de vive voix à M. de Laffonne, que par les raifons alléguées, il ne m'étoit pas
poffible de m'engager formellement à faire des expériences devant les Commiffaires du Roi, mais que
ne doutant pas qu'on n'ufât enfin envers moi d'honnêteté, décence & bonne-foi, je m'engageois verba-
lement à donner à ces Meffieurs les fatisfactions de
ce genre qui pourroient être raifonnablement defirées.

Il ne reftoit plus à débattre que la Nature du
Commiffariat. M. de Laffonne trouvoit fort difficile
de tranfgreffer les regles ordinaires : regles qui veulent des Commiffaires infpecteurs & non des Commiffaires enquêteurs.

De mon côté je prétendois qu'une commiſſion donnée par le Roi étoit honorable en elle-même, & que dès qu'il en auroit réglé la forme, la forme en ſeroit convenable.

Je ſoutenois en outre que les prétendues regles qu'on oppoſoit, étoient imaginaires, puiſqu'elles n'étoient pas connues en France dans les occaſions où il s'agiſſoit de la vie des Citoyens. Voici ce que je diſois à cet égard, parlant à M. de Laſſonne. Je prie d'obſerver que mon raiſonnement, quoique bizarre au premier aſpect, eſt cependant très-ſérieux & très-ſérieuſement applicable à la queſtion.

Lorſqu'un voleur eſt convaincu de vol, on le pend : lorſqu'un aſſaſſin eſt convaincu d'aſſaſſinat, on le roue ; mais pour infliger ces terribles peines, on n'exige pas du voleur qu'il vole de nouveau afin de prouver qu'il ſait voler : on n'exige pas de l'aſſaſſin qu'il aſſaſſine une ſeconde fois afin de prouver qu'il ſait aſſaſſiner : on ſe contente d'établir, par des preuves teſtimoniales & le corps du délit, que le vol ou l'aſſaſſinat ont été commis ; & puis, l'on pend ou l'on roue en ſûreté de conſcience.

Eh bien ! il en eſt de même de moi. Je demande d'être gracieuſement traité comme un homme à rouer ou à pendre, & que l'on cherche ſérieuſement à établir que j'ai guéri, ſans me demander de guérir de nouveau pour prouver que je ſais dans l'occaſion comment m'y prendre pour guérir.

J'ajoutai que toute cette diſcuſſion étoit au fond

inutile. Je n'agis pas, difois-je, avec humeur, mais par des principes que je crois très·raifonnables : je propofe ma découverte : l'on ne peut pas me faire paffer par des conditions contraires à ce que je crois jufte ; & fur l'article que nous traitons, c'eft à refufer ou accepter.

M. de Laffonne reconnut enfin qu'après avoir autant & auffi long-temps patienté, ma répugnance & ma réfiftance à de nouvelles longueurs n'étoient pas dénuées de fondement, & que les propofitions faites par M. d'Eflon étoient acceptables. On convint du choix de huit Commiffaires. Voici quelles perfonnes M. de Laffonne indiqua.

M. d'Angevilliers, Directeur & Ordonnateur des bâtiments du Roi, M. de Saron, Préfident à Mortier du Parlement de Paris, M. de Montigny, Tréforier de France, M. d'Aubenton, Garde & Démonftrateur au Cabinet d'hiftoire naturelle du Roi, & MM. Bercher, Grandclas, Lory, Mauduit, Médecins.

Les quatre premiers font Membres de l'Académie des Sciences, les quatre derniers de la Faculté de Médecine de Paris; avec cette obfervation, que MM. Lory & Mauduit, attachés à la Société Royale, étoient en quelque forte cenfés représenter cette Compagnie, tandis que MM. Bercher & Grandclas étoient également cenfés représenter la Faculté, dont ils ne fe font jamais féparés.

Lorfque M. d'Eflon me confulta au nom de M. de Laffonne fur ces arrangements, j'obfervai qu'il ne

N 4

m'appartenoit pas de juger les perfonnes en qui le
Gouvernement mettoit fa confiance; mais que puifque l'on me confultoit, je croyois pouvoir dire que
le nombre m'en paroiffoit difficile à raffembler dans
Paris à point nommé; que d'ailleurs le choix me
paroiffoit flatteur pour moi; que nommément j'aurois quelque plaifir à me rencontrer avec M. d'Aubenton, dans l'efpoir de le faire revenir des préventions qui lui avoient été attribuées; qu'enfin il me
fembloit qu'après ce qui s'étoit paffé entre M. Mauduit & moi, notre rapprochement auroit pu être
évité. M. de Laffonne parut fentir la jufteffe de
cette derniere obfervation, & me fit affurer qu'il
feroit choifir une autre perfonne en remplacement
de M. Mauduit.

On voit que cette affaire paroiffoit marcher à très-
grand pas d'un commun accord. Malheureufement
lorfque M. d'Efion voulut en preffer la conclufion,
M. de Laffonne fut obligé de lui annoncer que les
Commiffaires défignés avoient trouvé la commiffion
inadmiffible : ce qui nous renvoyoit à d'autres arrangements.

J'eus la curiofité de pénétrer les véritables motifs des Commiffaires. J'employai des perfonnes de
confiance pour en preffentir quelques-uns à ce fujet.
Les prétendus Commiffaires auxquels on s'adreffa
n'avoient, dirent-ils, entendu parler de rien.

Alors, je ne balançai point à fignifier à mes malades, que devant quitter la France inceffamment,

mes traitements finiroient le 15 Avril fuivant (1781.)

Cette nouvelle devoit déplaire à gens qui avoient perdu toute confiance dans la Médecine ordinaire, & qui n'en avoient plus que dans la mienne. Leurs alarmes pénétrerent jufqu'au pied du Trône.

S. M. La Reine voulut bien charger une perfonne de fa confiance de me dire qu'elle trouvoit l'abandon de mes malades contraires à l'humanité, & qu'il lui fembloit que je ne devois pas quitter la France de cette maniere.

Je répondis en fubftance que mon long féjour en France ne pouvoit laiffer à S. M. aucun doute fur le defir que j'avois de préférer fes Etats à tous les autres, excepté à ma Patrie ; mais que défefpérant par toutes fortes de motifs de voir en France une conclufion à l'importante affaire qui m'y avoit conduit, je m'étois décidé à profiter de la faifon nouvelle pour faire des opérations qu'à mon grand regret je différois depuis long-temps ; que d'ailleurs je fuppliois S. M. d'examiner qu'il y avoit jufqu'au 15 d'Avril affez de temps pour prendre une détermination, fi la néceffité d'en prendre une étoit enfin reconnue.

Peu de jours après une perfonne de rang, & fuf-fifamment autorifée, nous fit prier M. d'Eflon & moi de nous aboucher avec elle. La conférence dura quatre heures. Il femble que ce feroit trop pour l'affaire la plus compliquée ; mais on ne fauroit imaginer combien il est difficile de se faire comprendre quand on a des préjugés de toute espece à combattre. Demi-raison, interprétations fausses, fables inventées à plaisir, ridicules, plaisanteries, crainte de se compromettre; tout étoit contre moi excepté le sentiment d'une vérité inconnue qu'encore on n'osoit pas regarder en face.

J'eus, par exemple, beaucoup de peine à faire entendre que si l'on estimoit assez ma découverte pour en vouloir réellement, il étoit tout simple que l'on s'expliquât sans balancer sur les conditions auxquelles on en vouloit. " Jamais, Monsieur, disois-je à
,, la personne chez qui nous étions, je n'ai rien de-
,, mandé ni voulu rien demander; & cela, non que
,, je n'entende être récompensé, mais parce que
,, ma récompense ne peut venir qu'à la suite des
,, conditions nécessaires à l'établissement de ma dé-
,, couverte, & que le tout doit aller ensemble &
,, être fondu en un seul & même jet. J'ai l'honneur
,, de vous assurer que si je perdois cette résolution
,, de vue, la premiere chose que l'on feroit im-
,, manquablement, ce seroit de me marchander sur
,, les conditions. Or je ne veux pas être marchandé.
,, S'il faut en venir là, j'aime mieux, à tout prendre,
,, former les difficultés que d'avoir à les résoudre. ,,

A mon tour, je ne compris pas aisément ce qu'on me vouloit quand, après de longs débats, on me pressa de signer des propositions conditionnelles qui ne m'engageroient que jusqu'au 15 Avril, temps au-

quel je me retrouverois libre, fi elles n'avoient pas
été mifes à exécution. Je répétois continuellement
que je ne voulois faire aucune propofition, & l'on
me répondoit de même que le Gouvernement étoit
pour le moment dans l'impoffibilité d'agir plus ouvertement. En effet, les Savants ont tellement crié
en France, qu'ils ont fini par perfuader qu'ils étoient
quelque chofe, & qu'attenter à leur jurifprudence
imaginaire eft crime de leze-Majefté. Je ne fus pas
convaincu ; mais enfin on dreffa fous mes yeux les
propofitions que l'on va lire. On y verra fous quelle
forme vague elles font préfentées. Quant à moi, je
ne puis dire combien il m'en coûta pour les figner,
leur trouvant tout-à-fait l'air d'une demande.

Il eft propofé :

Que le Gouvernement nomme cinq Commiffaires, dont deux
feulement Médecins, les trois autres gens inftruits, pour prendre les derniers renfeignements que l'on juge néceffaires dans
l'objet de ne laiffer aucun doute fur l'exiftence & l'utilité de
la découverte du MAGNÉTISME-ANIMAL.

Que les Commiffaires examinent un nombre déterminé de
malades traités par M. Mefmer. Lefquels malades feront indifféremment choifis dans ceux qui fuivent encore les traitements par le MAGNÉTISME-ANIMAL, où dans ceux qui ne
les fuivent plus.

Que cet examen porte fur la fuite des procédés de M. Mefmer. — Voici à peu-près les queftions que pourroient faire
les Commiffaires aux malades. 1°. Quel étoit leur état avant
d'être foumis aux traitements par le MAGNÉTISME-ANI-
MAL? — Les confultations & atteftations des Médecins de

Paris ou autres pourroient être demandées à l'appui. 2°. Quels effets ils ont senti pendant leurs traitements & quelle a été la marche de ces effets? — Si l'on interrogeoit quelques malades actuellement entre les mains de M. Mesmer, on examineroit les effets sensibles, tels que l'embonpoint, bouffisure, obstructions devenues visibles, &c. &c. &c. 3°. S'ils ont pris des médicaments pendant le traitement par le MAGNÉTISME-ANIMAL. 4°. Dans quel état étoit leur santé lorsqu'ils ont quitté M. Mesmer.

Que si le rapport des Commissaires est favorable à la découverte, le Gouvernement reconnoîtra par une lettre ministérielle,

1°. Que M. Mesmer a une découverte utile.

2°. Que pour récompenser M. Mesmer & l'engager à établir & propager sa Doctrine en France, le Roi lui donnera en toute propriété un emplacement qui puisse lui convenir pour y traiter, le plus avantageusement possible, des malades, & communiquer ses connoissances aux Médecins.

NB. En marge de ces propositions est écrit : M. Mesmer préféreroit le Château & Terre de *** à tout autre objet.

3°. Que pour fixer M. Mesmer en France & reconnoître ses services, il lui sera accordé une pension viagere de vingt mille livres.

4°. Que S. M. éxige de M. Mesmer qu'il reste en France jusqu'à ce qu'il ait suffisamment établi sa doctrine & ses principes & qu'il ne puisse la quitter qu'avec la permission du Roi.

Il est encore proposé :

Que M. Mesmer jouisse des avantages qui lui seront accordés dès le moment que le Gouvernement aura reconnu l'utilité de sa découverte.

Que le Roi nomme une personne pour présider & veiller à l'établissement fait par M. Mesmer.

J'ai accepté ces propofitions purement & fimplement, mais à la condition expreffe qu'elles feront exécutées pour le quinzieme jour d'Avril prochain : époque à laquelle je ne ferai plus engagé à rien, fi les propofitions ci-deffus n'ont pas été réalifées. A Paris le quatorzieme Mars mil fept cent quatrevingt-un. *Signé* MESMER.

J'ignore ce qui s'eft paffé les jours fuivants. Seulement, j'ai cru entrevoir que je ne ferois peut-être pas réduit à raconter aujourd'hui la fâcheufe iffue de mes négociations, fi M. de Laffonne, confulté fur cette affaire, ne s'étoit pas borné à voir les difficultés.

Je fus appellé par un Miniftre d'Etat, & me rendis auprès de lui, le 28 Mars, en compagnie de M. d'Eflon & de la perfonne entre les mains de qui j'avois figné les propofitions qu'on vient de lire.

Le Miniftre débuta par m'annoncer que le Roi, informé de ma répugnance à être examiné par des Commiffaires, vouloit bien me difpenfer de cette formalité, m'accorder une penfion viagere de vingt mille livres, & payer en outre un loyer de dix mille francs pour la maifon que je reconnoîtrois propre à former des éleves; favoir : trois pour le Gouvernement, & tel nombre qui me conviendroit pour ma propre fatisfaction. Le refte des graces que je pourrois demander, ajouta le Miniftre, me feroit accordé lorfque les éleves du Gouvernement auroient reconnu l'utilité de ma découverte.

Je lui répondis que je le fuppliois de faire parvenir jufqu'à S. M. les juftes fentiments de fenfibilité & de reconnoiffance dont j'étois animé ; mais que je ne pouvois accepter les propofitions que je venois d'entendre.

Je fens que je révolte un grand nombre de mes Lecteurs; mais je fuis déja accoutumé à l'impreffion que je leur fais. Les accufations de vanité, d'importance, d'entêtement, de faux défintéreffement ont frappé mes oreilles de tous côtés.

A cette précipitation de jugement, j'oppoferai l'exemple du Miniftre d'Etat devant lequel je comparoiffois. On peut prendre fes leçons fans déroger. Il ne fortit de fa bouche aucune expreffion de dureté. Tranquille avec douceur, fa voix exprimoit paifiblement fes objections, & fon oreille écoutoit attentivement les miennes. La converfation dura deux heures fur ce ton.

Je n'entreprendrai pas d'en rendre les détails. Je me contenterai de réfumer mes réponfes. En indiquant la nature des difficultés, elles jetteront un jour fuffifant fur la queftion. J'exprimai donc :

Que les offres qui m'étoient faites me paroiffoient pêcher en ce qu'elles préfentoient mon intérêt pécuniaire, & non l'importance de ma découverte comme objet principal.

Que la queftion devoit être abfolument envifagée en fens contraire, puifqu'en effet, fans ma découverte, ma perfonne ne feroit rien.

Que j'avois toujours agi conformément à ces

principes, en follicitant conftamment l'accueil de ma découverte, jamais celui de ma perfonne.

Que le parti pris par le Gouvernement de me difpenfer de la formalité d'un examen par des Commiffaires, me paroiffoit d'autant plus expédient que l'action du Magnétisme-Animal fur le corps humain & fon utilité en Médecine étant aujourd'hui des vérités de notoriété publique, il feroit, pour ainfi dire, puéril de mettre un air de doute à ce qui n'en laiffoit aucun.

Qu'après s'être ainfi élevé au-deffus des formes inutiles, il me paroiffoit incompréhenfible, ou tout au moins contradictoire, qu'on penfât à me faire juger par mes éleves.

Que cette claufe d'ailleurs étoit rigoureufement inadmiffible, en ce que l'on ne pouvoit prévoir quels intérêts dicteroient leur jugement. Que deviendroit, par exemple, la vérité, difois-je, fi l'on me donnoit pour éleves, Commiffaires & Juges, MM. de Laffonne, Malloët & Sollier?

Que fi l'on ne croyoit pas à ma découverte, on avoit évidemment le plus grand tort de m'en offrir trente mille livres de rente.

Qu'au contraire, fi l'on y croyoit, le fort de l'humanité ne devoit être facrifié ni à l'amour-propre de quelques Savants en délire, ni à la crainte de quelques dépenfes indifpenfables.

Que je ne concevois pas comment la foumiffion des efprits les plus éclairés de la Nation aux opinions des Savants pouvoit être telle qu'on laissât évidemment percer à mon occasion la crainte réelle de leur déplaire. Qu'importe le sentiment de la Faculté de Médecine, de la Société Royale, de M. de Lassonne? Si tout ce monde-là ne s'embarrasse pas du sort de l'humanité, il est trop heureux qu'il soit mécontent.

Que pour m'être exposé patiemment à la dérision publique pendant quinze années consécutives, je n'en étois pas plus disposé à signer ma honte; que je regarderois comme excessivement avilissante pour moi, si elle étoit fondée, la supposition que je pourrois accepter vingt, trente, quarante, & même cent mille livres de rente pour une vérité qu'au fonds du cœur je saurois ne pas exister : qu'une pareille supposition ne serviroit jamais de base à aucun traité volontaire de ma part; & que mon cœur se soulevoit tellement à cette idée, que je ne savois si je n'aimerois pas mieux laisser perdre ma découverte que de la donner à un tel prix.

Que si l'on taxoit cette conduite d'inhumanité, je devois peu m'en occuper; que le tort en étoit à l'humanité elle-même ou à ses représentants; qu'après tout je ne voyois pas à quel titre on exigeroit que je chérisse l'humanité plus qu'elle ne se chérit elle-même.

Qu'en résumant mes principes, je ne pouvois invariablement entamer aucun traité avec le Gouvernement qu'au préalable il n'eût reconnu formellement

ment

ment & authentiquement l'exiftence & l'utilité de ma découverte.

Qu'alléguer en réponfe la crainte de compromettre la dignité Royale , feroit avouer pofitivement que l'on n'eft pas convaincu; d'où, fans me plaindre , je devois inférer après tout ce que j'avois fait, que la conviction eft une plante étrangere au fol François, & que le plus court eft pour moi de m'occuper à défricher quelque terrein moins ingrat.

Que je ne faurois admettre des raifons d'économie. Toute dépenfe néceffaire au bonheur inftant des Peuples eft un devoir de rigueur. On peut remettre à des temps plus heureux l'élévation d'un palais agréable, la conftruction d'un pont utile, la formation d'un chemin commode, mais on ne peut remettre au lendemain la fanté & la confervation des hommes.

Que fi je m'étois févérement abftenu, pendant mon féjour en France, de mettre en queftion mon traitement perfonnel, je n'avois pas douté un feul inftant qu'il ne dût être digne de la Nation Françoife & de la grandeur du Monarque qui la gouverne.

Que preffé, plus que je ne l'aurois voulu, de m'expliquer plus pofitivement à cet égard, j'avois, par refpect pour l'opinion d'autrui, & fi l'on veut, par foibleffe, figné des propofitions que je n'aurois jamais dû me permettre; mais que puifqu'il n'étoit plus temps de me rétracter, j'articulois fans détour

O

que j'accepterois les vingt mille livres de penſion viagere qui m'étoient offertes, à la condition que l'on y joindroit le don en toute propriété d'une poſſeſſion territoriale propre aux établiſſements que je projettois.

Qu'il entroit néceſſairement dans mes projets de procéder à ces établiſſements, de maniere qu'ils puſſent ſervir de modeles à tous ceux de ce genre que par les ſuites on jugeroit convenable de faire, ſoit en France, ſoit ailleurs.

Qu'ils devoient être de nature à déployer les reſſorts & les moyens de ma doctrine, de maniere à pouvoir la pratiquer & enſeigner ſans reſtrictions.

Que ces moyens mis en œuvre, il ne falloit pas imaginer que je les tranſporterois d'un lieu à un autre à ma volonté ou à celle de perſonnes puiſſantes.

D'où il ſuivoit, que l'établiſſement devoit avoir lieu dans un local aſſez vaſte & aſſez commode, pour recevoir convenablement les perſonnes placées dans le monde pour obtenir les premieres préférences ſur le reſte de la Nation.

Qu'il ſeroit impoſſible que les choſes ſe paſſaſſent autrement juſqu'à ce que la multiplication de ces ſortes d'établiſſements eût procuré les commodités néceſſaires dans partie du Royaume ou dans ſa généralité.

Qu'il ne ſeroit pas raiſonnable d'attendre ou d'exiger que je me conſtituaſſe en dépenſes conſidérables

& inévitables dans un local qui ne m'appartiendroit pas.

Qu'enfin les contrariétés paſſées m'avoient trop appris combien il m'importoit d'être libre, indépendant, & chez moi, pour que j'en oubliaſſe aiſément la néceſſité.

Que cet amour pour la liberté n'étoit cependant rien moins que déſordonné. J'avois toujours réclamé & je réclamois encore que le nom & l'autorité du Roi paruſſent à la tête de mon établiſſement : à lui ſeul appartient eſſentiellement la protection & la propagation d'une vérité dont dépend le bonheur des hommes.

Que par délicateſſe je deſirois tenir immédiatement de la munificence du Gouvernement la conceſſion que je demandois, répugnant à ce qu'on m'allouât une ſomme quelconque applicable à faire cette acquiſition ainſi qu'il me conviendroit. C'eſt une poſſeſſion territoriale & non de l'argent que je demande.

Que quelque interprétation qu'on donnât à cette délicateſſe, on ne pouvoit au moins ſe diſpenſer d'y reconnoître un point de ſûreté pour le Gouvernement. Quel riſque peut-il courir en donnant une penſion ſur lui-même & en concédant une poſſeſſion territoriale? De pareils objets ne peuvent ni ſe fondre ni s'éclipſer en un clin d'œil. Ce ſont, pour ainſi dire, des cautions de droiture & de fidélité à remplir les engagements contractés.

Que je favois fort bien que le traitement que je demandois, formoit une fomme confidérable. Mais que je favois auffi fort bien que ma découverte étoit fans prix.

Qu'à confidérer cette fomme comme impôt mis fur les Peuples, ils n'étoient pas léfés, puifqu'il n'auroit tenu qu'à moi d'en lever un plus confidérable depuis que je fuis en France; & que d'ailleurs l'argent eft fait pour payer les befoins.

Que, vue comme récompenfe, cette fomme me paroîtroit peut-être foible. L'engagement que je contracterois de ne pas quitter la France fans la permiffion expreffe du Roi, quinze ans de travaux enfantés dans l'humiliation, ceux qui me reftoient à faire, le défintéreffement dont j'ai toujours fait profeffion, celui dont j'ai particuliérement ufé en France, pays étranger pour moi, & que dans les maximes ordinaires on m'auroit permis de dépouiller fans fcrupule, l'agitation continuelle de ma vie, celle de mon efprit, celle enfin de mon cœur, ne feroient peut-être pas les feuls titres que je pourrois faire valoir pour juftifier une récompenfe, plus foible qu'on ne peut le dire, fi on la compare à celle dont jouiffent gens qui, inutiles à tout, feroient bien fâchés de n'être pas nuifibles à tout.

Que je laiffois à la pénétration de Sa Majefté & à la fagacité de fes Miniftres la décifion de l'utilité ou du danger dont pouvoient être les contrefactions de ma méthode, & que je me lavois les mains des inconvéniens qui pouvoient en réfulter, ainfi que j'en avois très-certainement acquis le droit.

Que la portée de mon intelligence ne fuffiroit pas pour comprendre comment d'un côté l'on écartoit ainfi toute précaution, tandis que de l'autre on m'objectoit l'importance de prendre les plus grandes précautions avant d'accueillir une découverte qui paroît heurter de front autant de préjugés que la mienne.

Les préjugés font autant d'ennemis du bonheur des hommes. Sur la vérité feule peut repofer leur félicité. Préfenter aux Peuples avec fageffe & circonfpection la vérité dégagée d'erreurs, de preftiges & de menfonges, eft donc le devoir le plus chéri du vrai Légiflateur : voilà ce que je propofe.

C'eft fous un Monarque ami de fes peuples, & fans difficulté l'un des meilleurs Citoyens de fon Royaume ; c'eft fous un Miniftere dont tous les Membres ont une réputation de vertu ; c'eft enfin au moment d'une efpece de réfurrection pour l'honneur François, que l'on rejette en France la vérité la plus amie des hommes ; & que cette Nation, jaloufe de toutes les gloires, renonce au titre précieux de bienfaitrice des générations, & au folide honneur de fervir de modele & de précepteur à l'univers. O vérité ! vérité ! ton empire eft certain ; mais que tes premiers pas font difficiles !

Telle fut, ou du moins, telle dut être la converfation dont je rends compte. Je dis, telle dut être, parce que dans une conférence où chacun prend la parole avec liberté, il eſt impoſſible que les objets ſoient préſentés, ſuivis, écoutés & ſentis comme dans un livre. En ſe preſſant les uns les autres, ils s'affoibliſſent, s'obſcurciſſent & ſe font oublier réciproquement.

Ces conſidérations ſont autant de motifs qui m'ont fait un devoir de déduire ici mes raiſons auſſi ſuccinctement que je l'ai pu. Leur énumération doit, en tout état de cauſe, être la juſtification du Gouvernement François. Si par des événements auxquels tout me dit que je ne dois pas m'attendre, il change de réſolution, s'il accepte l'offre de ma découverte, je viens d'indiquer les principaux motifs ſur leſquels ſera fondée ſa conduite. S'il perſiſte dans ſon refus, ce qui eſt plus que vraiſemblable, je viens d'indiquer également les entraves qui doivent embarraſſer ſa marche, & gêner ſon affection pour les Peuples auxquels il ſert de Pere.

Je quittai le Miniſtre, pénétré de ſes bontés, & allégé d'un poids immenſe. Mon affaire avoit mal fini, mais elle étoit finie, & c'eſt un très-grand bien qu'une fin quelconque.

De retour chez moi, je ne ſongeai plus qu'à faire ce que je devois envers LA REINE. FILLE de ma premiere Souveraine, SŒUR de mon maître légitime, EPOUSE du Monarque qui maintient les heureuſes loix ſous leſquelles j'ai vécu long-temps en sécurité hors de ma Patrie, il ne m'étoit pas possible d'oublier qu'elle avoit desiré quelque chose de moi. Je lui écrivis sans délai la lettre suivante. Elle terminera cet ouvrage sans autres réflexions. Je dois me contenter d'assurer avec vérité, que je l'ai écrite dans les sentiments du respect le plus isolé de toutes considérations ultérieures, & qu'il n'a pas fallu des raisons moins puissantes que celles du devoir & de la reconnoissance, pour sacrifier six mois dont l'emploi m'étoit extrêmement cher par des motifs que je puis seul apprécier. Enfin, je le déclare comme je le pense : je ne mets pas dans l'ordre des choses moralement possibles, que la scene change en France pour moi : ma raison, la voici : les intérêts que j'ai à combattre, ou, pour mieux dire, que l'on croit avoir à défendre, appartiennent à gens trop puissants ou trop habiles, pour que je puisse lutter contre eux avec quelque égalité.

MADAME,

Je n'aurois dû éprouver que les mouvements de la satisfaction la plus pure, en apprenant que Votre Majesté daignoit arrêter ses regards sur moi ; & cependant ma situation pese douloureusement sur mon cœur. On avoit précédemment peint à Votre Majesté le projet que j'avois de quitter la France comme contraire à l'humanité, en ce que j'abandonnois des malades à qui mes soins étoient encore nécessaires. Aujourd'hui je ne doute point qu'on n'attribue à des motifs intéressés mon refus indispensable des conditions qui m'ont été offertes au nom de VOTRE MAJESTÉ.

Je n'agis, MADAME, ni par inhumanité ni par avidité. J'ose espérer que VOTRE MAJESTÉ me permettra d'en placer les preuves sous ses yeux; mais avant toutes choses, je dois me rappeller qu'elle me blâme; & mon premier soin doit être de faire parler ma respectueuse soumission pour ses moindres desirs.

Dans cette vue, uniquement par respect pour VOTRE MAJESTÉ, je lui offre l'assurance de prolonger mon séjour en France jusqu'au 18 Septembre prochain, & d'y continuer jusqu'à cette époque mes soins à ceux de mes malades qui me continueront leur confiance.

Je supplie instamment VOTRE MAJESTÉ de considérer que cette offre doit être à l'abri de toute interprétation recherchée. C'est à VOTRE MAJESTÉ que j'ai l'honneur de la faire; mais indépendante de toutes graces, de toutes faveurs, de toute espérance autre que celle de jouir, à l'abri de la puissance de VOTRE MAJESTÉ, de la tranquillité & de la sûreté méritées, qui m'ont été accordées dans ses Etats depuis que j'y fais mon séjour. C'est enfin, MADAME, en déclarant à VOTRE MAJESTÉ que je renonce à tout espoir d'arrangement avec le Gouvernement François, que je la supplie d'agréer le témoignage de la plus humble, de la plus respectueuse, & de la plus désintéressée des déférences.

Je cherche, MADAME, un Gouvernement qui apperçoive la nécessité de ne pas laisser introduire légérement dans le monde une vérité qui, par son influence sur le physique des hommes, peut opérer des changements que, dès leur naissance, la sagesse & le pouvoir doivent contenir & diriger dans un cours & vers un but salutaires. Les conditions qui m'ont été proposées au nom de VOTRE MAJESTÉ ne remplissant pas ces vues, l'austérité de mes principes me défendoit impérieusement de les accepter.

Dans une cause qui intéresse l'humanité au premier chef, l'argent ne doit être qu'une considération secondaire. Aux yeux de VOTRE MAJESTÉ quatre ou cinq cent mille francs de plus ou de moins, employés à propos, ne sont rien : le bonheur des Peuples est tout. Ma découverte doit être accueillie ; & moi récompensé, avec une munificence digne de la grandeur du Monaque auquel je m'attacherai. Ce qui doit me disculper sans replique de toute fausse interprétation à cet égard, c'est que depuis mon séjour dans vos Etats, je n'ai tyrannisé aucun de vos sujets. Depuis trois ans, je reçois chaque jour des offres pécuniaires ; à peine mon temps suffit à les lire, & je puis dire que, sans compter, j'en ai brûlé pour des sommes considérables.

Ma marche dans les Etats de VOTRE MAJESTÉ a toujours été uniforme. Ce n'est assurément ni par cupidité, ni par amour d'une vaine gloire, que je me suis exposé au ridicule pressenti, dont votre Académie des Sciences, votre Société Royale, & votre Faculté de Médecine de Paris ont prétendu me couvrir tour-à-tour. Lorsque je l'ai fait, c'étoit parce que je croyois devoir le faire.

Après leur refus, je me suis cru au point que le Gouvernement devoit me regarder des ses propres yeux : trompé dans mon attente, je me suis déterminé à chercher ailleurs ce que je ne pouvois plus raisonnablement espérer ici. Je me suis arrangé pour quitter la France dans le mois d'Avril prochain. C'est ce qu'on a appellé inhumanité, comme si ma marche n'avoit pas été forcée.

Dans la balance de l'humanité vingt ou vingt-cinq malades, quels qu'ils soient, ne pesent rien à côté de l'humanité entiere ; & pour faire l'application de ce principe à une personne que VOTRE MAJESTÉ honore de sa tendresse, ne puis-je pas dire que donner à la seule Madame la Duchesse de Chaulnes la préférence sur la généralité des hommes seroit, au fonds, aussi condamnable à moi, que de n'apprécier ma découverte qu'en raison de mes intérêts personnels.

Je me suis déja trouvé, MADAME, dans la nécessité d'abandonner des malades qui m'étoient chers, & à qui mes soins étoient encore indispensables. Ce fut dans le temps que je quittai les lieux de la naissance de VOTRE MAJESTÉ. Ils sont aussi ma Patrie! Alors pourquoi ne m'accufa-t-on pas d'inhumanité? Pourquoi, MADAME? Parce que cette accufation grave devenoit fuperflue : parce que l'on étoit parvenu, par des intrigues plus fimples, à me perdre dans l'efprit de VOTRE AUGUSTE MERE & de VOTRE AUGUSTE FRERE.

Celui, MADAME, qui toujours aura, comme moi, préfent à l'efprit le jugement des Nations & de la poftérité : celui qui fe préparera fans ceffe à leur rendre compte de fes actions, fupportera, comme je l'ai fait, fans orgueil mais avec courage, un revers auffi cruel. Car il faura que s'il eft beaucoup de circonftances où les Rois doivent guider l'opinion des Peuples, il en eft encore un plus grand nombre où l'opinion publique domine irréfiftiblement fur celle des Rois. Aujourd'hui, MADAME, on me l'a affuré au nom de VOTRE MAJESTÉ, VOTRE AUGUSTE FRERE n'a que du mépris pour moi. Eh bien! Quand l'opinion publique aura décidé, il me rendra juftice. Si ce n'eft pas de mon vivant, il honorera ma tombe de fes ~~refpects.~~ *regrets.*

Sans doute l'époque du 18 Septembre que j'ai indiquée à VOTRE MAJESTÉ, lui paroîtra extraordinaire. Je la fupplie de fe rappeller qu'à pareil jour de l'année derniere, il ne tint pas aux Médecins de vos Etats qu'un de leurs Confreres, à qui je dois tout, ne fût déshonoré à mon occafion. Ce jour-là fut tenue l'affemblée de la Faculté de Médecine de Paris, où furent rejettées mes propositions : & quelles propositions! VOTRE MAJESTÉ les connoît. J'ai toujours cru, MADAME, & je vis encore dans la persuasion qu'après un éclat aussi avilissant pour les Médecins de votre Ville de Paris, toute personne éclairée ne pouvoit plus se dispenser de fixer les yeux sur ma découverte, & que la protection de toute personne puissante lui étoit dévolue sans difficulté. Quoi qu'il en soit, au 18 Septembre prochain, il y aura un an que j'aurai fondé mon unique espérance sur les soins vigilants & paternels du Gouvernement. A cette époque, j'espere que VOTRE MAJESTÉ jugera mes sacrifices assez longs, & que je ne leur ai fixé un terme, ni par inconstance, ni par humeur, ni par inhumanité, ni par jactance. J'ose enfin me flatter que sa protection me suivra dans les lieux où ma destinée m'entraînera loin d'Elle, & que, digne Protectrice de la vérité, Elle ne dédaignera pas d'user de son pouvoir sur l'esprit d'un FRERE & d'un EPOUX pour m'attirer leur bienveillance.

Je suis, de VOTRE MAJESTÉ, avec le plus profond respect,

MADAME,

Paris, le 29 Mars 1781.

Le très-humble & très-obéissant Serviteur
MESMER.

F I N.

PIECES JUSTIFICATIVES.

N°. I.

Expofé de la maladie & guérifon de Madame de La Malmaifon.

Madame de La Malmaifon, âgée de trente-huit ans, quoique d'une conftitution forte en apparence, avoit toujours eu une difpofition vaporeufe, dont les accès lui avoient occafionné plufieurs fauffes-couches. Ces accidents ont été précédés & fuivis de vomiffements, évanouiffements, dégoûts abfolus, douleurs de tête, toux convulfive, & crachement de fang ; fes jambes enfin lui refuferent totalement le fervice, & la déterminerent à fe rendre aux eaux de Plombieres trois années confécutives. Elle en éprouvoit de bons effets jufqu'à l'arrivée de l'hiver, qui la remettoit à-peu-près dans le même état où elle étoit auparavant. Ces variations ont eu lieu jufqu'au mois de Juin 1777, qu'une chûte de voiture déchira fes jambes au point de découvrir les tendons. Ce cruel accident renouvella & augmenta toutes les affections qui l'avoient précédé. — Le vomiffement fur-tout devint fi violent, qu'elle ne pouvoit retenir aucun aliment. — Ses jambes, précédemment affoiblies, devinrent froides. —— Il étoit fenfible qu'elles ne prenoient plus de nourriture. —

Elles se dessécherent. — Les doigts des pieds se recourberent. — Ses cuisses étoient aussi sans mouvement. — En un mot, la paralysie s'élevoit jusqu'à la hanche. — Son Médecin sur les lieux parvint à calmer le vomissement, & à la mettre en état de se rendre à Paris au mois de Février 1778.

M. Le Roi qu'elle a consulté, & dont elle a suivi les conseils, a achevé le rétablissement de son estomac, & a calmé ses autres accidents ; mais la paralysie étoit la même, & elle étoit très-incommodée d'un *asthme vaporeux.* La malade étoit au moment de partir pour les eaux de Balaruc, lorsqu'ayant appris que M. Mesmer traitoit des maladies aussi graves que la sienne au village de Creteil, elle a préféré, après l'avoir consulté & en avoir reçu des espérances, de suivre son traitement.

D'après l'exposé ci-dessus, que je certifie véritable, je déclare qu'ayant éprouvé le traitement de M. Mesmer, & sa nouvelle méthode, depuis le mois de Mai dernier jusqu'à ce jour, j'ai recouvert la faculté de marcher librement & sans appui, — de maniere à pouvoir monter & descendre sans difficulté. — Que mes jambes ont repris leur nourriture & chaleur. — Qu'elles sont, ainsi que les doigts des pieds, dans un état naturel. — Et qu'enfin je suis parfaitement guérie de la paralysie, ainsi que des autres incommodités dont j'étois affligée. — A Creteil, le 30 Août 1778. *Signé* Douet de Vichy de La Malmaison.

No. II.

Exposé de la maladie de Madame de Berny.

Madame de Berny, âgée de cinquante-quatre ans, étant à Bareges au mois de Juillet 1776, éprouva subitement comme un nuage sur les yeux qui l'empêchoit de lire & d'écrire. Revenue à Auch quelques jours après, ce brouillard augmenta. Le Médecin du lieu jugea que c'étoit une fluxion, & ordonna une saignée du bras, des purgations, & beaucoup de fumigations : ce qui n'opéra aucun soulagement.

Elle revint à Paris à la fin d'Août suivant, & y consulta quatre célebres Médecins, qui lui ordonnerent successivement des fumigations de Karabé, de la vapeur de caffé, des vésicatoires aux bras & à la tête, l'ypecacuanha, & les eaux de Vichy. Tous ces remedes ne firent qu'aggraver son état : elle prit le parti de se baigner, & s'en trouva mieux : elle fut prendre les bains de St. Sauveur dans les Pyrénées, & s'en trouva mieux encore ; mais dans le mois d'Avril 1778, le nuage le plus épais a couvert sa vue, & a augmenté au point de lui ôter la Faculté de se conduire. — L'œil gauche sur-tout ne lui servoit aucunement. — Une humeur âqueuse l'empêchoit de lever les paupieres : — joint à cela, elle avoit des lassitudes douloureuses dans tous les membres. —

Le ſommeil étoit rare, — & communément inter-
rompu par des douleurs élancées aux tempes & derriere la tête : — des maux de reins, & un reſſerre-
ment habituel du ventre qu'elle avoit dès ſon enfance, & qu'elle croit héréditaire, augmentoient
tous ces maux. — La tête étoit ſans tranſpiration
depuis pluſieurs années : — les oreilles étoient ſe-
ches, & produiſoient un bourdonnement fatigant. —
Un des plus fâcheux accidents étoit une contraction
ſpaſmodique dans le goſier, l'œſophage & l'eſto-
mac, qui provoquoit des vomiſſements violents
pluſieurs fois par jour. — Elle étoit ſans appétit. —
Une mélancolie vaporeuſe mettoit le comble aux
maux.

C'eſt dans cet état qu'elle a pris le parti d'aller conſulter M. Meſmer, qui lui a répondu ſur le
champ que ſa maladie des yeux étoit une goutte ſe-
reine imparfaite, occaſionnée, ainſi que ſes autres
incommodités, originairement par une obſtruction
dans le bas-ventre qu'il croyoit ſuſceptible de réſolution.

Cette opinion, appuyée de celle de M. Petit, qui,
deux ans auparavant, lui avoit annoncé le principe
de cette obſtruction, a déterminé Mad. de Berny
à ſe rendre le 27 Avril 1778 à Creteil, lieu choiſi
par M. Meſmer pour le traitement de pluſieurs malades.

D'après cet expoſé, que je certifie véritable, j'atteſte également, qu'ayant éprouvé le traitement de
M. Meſ-

M. Mesmer depuis le 28 Avril dernier jusqu'à ce jour — mes yeux sont rétablis au point, non-seulement de me conduire parfaitement seule & de distinguer tous les objets de près & de loin, mais aussi à pouvoir lire & écrire. — Le sommeil & l'appétit sont rétablis. — Je n'ai plus de douleurs de membres, de tête, ni de reins. — Je marche avec force & facilité. — Le ventre est libre : — la tête transpire : — les oreilles sont humides & sans bourdonnement : — les spasmes de la gorge & de l'estomac n'ont plus lieu : — les vomissements ont cessé depuis trois mois : — la mélancolie est dissipée ; — & les obstructions sont résolues : — ce qui m'a été annoncé par des urines tellement chargées, que pendant un mois elles avoient l'apparence de petit-lait trouble, & qu'elles déposoient en grande partie, ainsi que par des sueurs continuelles de la tête, un dévoiement modéré, & des ébullitions successives sur toute la surface du corps.

Tous ces différents effets ont été opérés sans l'usage d'aucun médicament; & M. Mesmer n'a employé pour ma guérison qu'une méthode dont j'ignore le principe. Ce que je certifie à Creteil ce 28 Août 1778. *Signé* MENJOT DE BERNY.

N°. III.

Expoſé de la maladie & guériſon de M. le Chevalier du Hauſſay.

La juſtice que je dois à la vérité, me fait donner au Public un détail circonſtancié, tant de ma maladie que des effets ſuivis qui j'ai éprouvés depuis quatre mois que je ſuis entre les mains de M. le Docteur Meſmer.

La nuit du 24 Décembre 1757 étant ainſi que toute l'armée, couché au Bivouac, vis-à-vis la Ville de Zell, dans le Pays d'Hanovre, le ſommeil, joint à la fatigue, me fit endormir ſur la neige par une nuit extraordinairement froide. Lorſqu'on battit la générale, il fallut que deux grenadiers me levaſ-ſent, étant ſi roide que je ne pouvois pas me ſou-tenir. Le mouvement & l'action, joints à la jeu-neſſe & à la force de mon tempérament, m'empê-cherent de reſſentir les ſuites de ce froid exceſſif que j'avois eſſuyé. Je continuai la guerre juſqu'à la concluſion de la paix, ſans autre incommodité : deux ans après la paix, je fus attaqué d'une forte maladie de poitrine, qui ſe diſſipa par l'uſage du lait.

Quelque temps après, je fus pris par une hu-meur qui ſe jetta ſur mon viſage, & commença à ſe manifeſter par la pointe du nez. Cette rougeur me gagna le nez en entier, le front, les yeux, & les joues. Les Médecins firent l'impoſſible, mais inutilement pour me la faire paſſer. Je m'apperçus enſuite d'un peu de foibleſſe aux jambes : ce qui ne m'empêcha pas de paſſer en 1772 à la Martinique. J'ai eſſuyé dans cette contrée une fievre putride & maligne qui me mit à toute extrémité ; & à la ſuite de laquelle il s'eſt déclaré une paralyſie univerſelle, qui m'a forcé de revenir en France pour y chercher les ſecours néceſſaires à mon état. Après quatre ans d'expérience, ou la Médecine a employé tous les remedes connus, grand nombre de bains, tant froids que chauds & de vapeurs aromatiques, n'éprouvant aucune amélioration, je n'ai pas héſité de me mettre entre les mains de M. Meſmer, qui me fit eſpérer ma guériſon par un procédé nouveau & inconnu juſqu'à ce jour. — Lorſque je ſuis arrivé chez lui, j'avois la tête continuellement agitée de tous côtés : — le col penchoit en avant : — les yeux rouges, ſortant de l'orbite : — la langue paralyſée & épaiſſe me donnoit une très-grande difficulté de parler : — j'avois la reſpiration gênée : — une douleur habituelle au dos, — un ris continuel qu'annonçoit une gaieté déraiſonnable, — le nez gonflé avec une rougeur pourpre dans tout le viſage, — les épaules relâchées, la poitrine rentrée dans le dos, — un tremblement par tout le corps qui agitoit mes bras & mes mains, & qui me faiſoit trébucher de tous côtés en marchant. — Cet état me donnoit plutôt l'air d'un vieil ivrogne que d'un homme de quarante ans.

Je ne connois point les moyens dont M. Mesmer s'est servi. Ce que je puis assurer avec la plus grande vérité, c'est que sans le secours d'aucun remede, que par son principe dit MAGNÉTISME-ANIMAL, il m'a fait éprouver depuis la racine des cheveux jusqu'à la plante des pieds des effets incroyables. Je m'appercevois dans le traitement qu'excepté les visceres, il n'y avoit pas un seul point de mon corps qui ne fût affecté de la maladie. Le cerveau, la moëlle de l'épine du dos, la moëlle & les os même en étoient prises. J'ai eu des crises qui commencerent par un mal-aise général, & furent suivies d'un froid excessif, comme si des filets de glace me sortoient de la chair. Après cela un chaud violent sans fievre qui se termina par une sueur d'odeur fétide, quelquefois si abondante que je traversois mes matelats : ce qui s'est répété pendant près d'un mois de suite. — Actuellement, je me trouve parfaitement guéri de tous ces maux. — J'ai le corps à plomb : — ma tête est fixe & droite : — ma langue est déliée : — j'articule & parle aussi-bien que je le faisois avant ma maladie : — la grosseur de mon nez est diminuée : — mes yeux & la couleur de mon visage sont dans leur état naturel : — ma figure annonce mon âge & une bonne santé : — ma poitrine est ressortie : — je m'appuie sur les reins : — j'ai la respiration fort libre, — & l'épine du dos ne me fait plus de mal : — mes épaules font droites : — la liberté & la force de mes bras & de mes mains est rétablie : — je marche actuellement, droit, fans appui, & avec beaucoup de vivacité; — mais il est aifé de comprendre que la mauvaife habitude & la foiblesse empêchent que ma démarche paroisse aussi dégagée qu'elle le fera avec le temps & l'exercice toujours nécessaire pour le parfait ufage des facultés nouvellement récupérées.

Je certifie le préfent énoncé conforme à la vérité. En foi de quoi j'ai figné. A Paris ce 28 Août 1778. *Signé* le Chev. Du Haussay, Major d'Infanterie, Chev. de l'Ordre Royal & militaire de St. Louis.

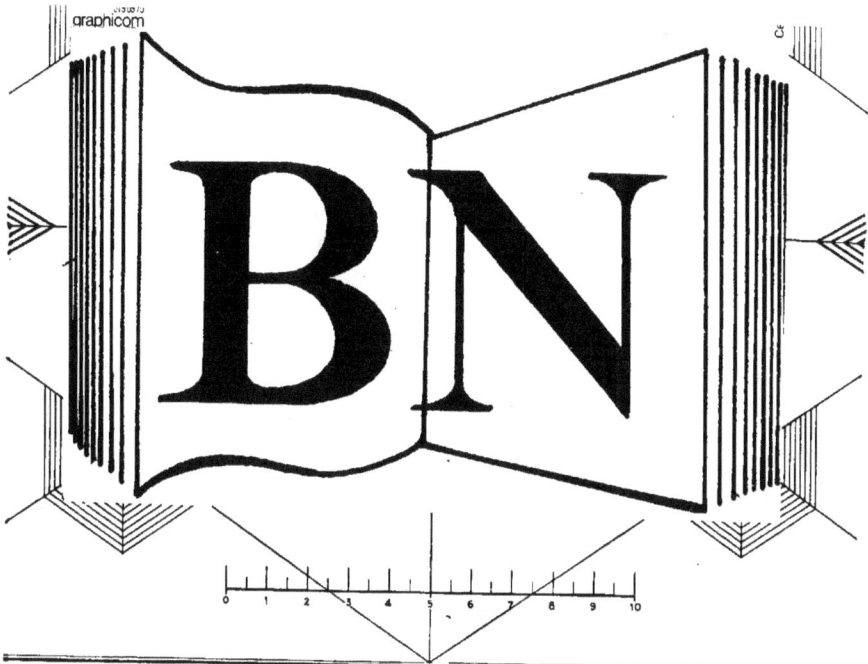

graphicom

BN

SERVICE PHOTOGRAPHIQUE

www.ingramcontent.com/pod-product-compliance
Lightning Source LLC
Chambersburg PA
CBHW061013280326
41935CB00009B/950